世紀人物 100

新政先生

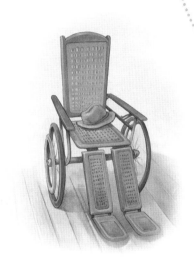

富蘭克林‧羅斯福

李民安　著

三民書局

獻給孩子們的禮物

主編的話

世界上最幸福的孩子，是他們一出生就有機會接近故事書，想想看，那些書中的人物，不論古今中外都來到了眼前，與他們相識，不僅分享了各個人物生活中的點滴，孩子們的想像力也隨著書中的故事情節飛翔。

不論世界如何演變，科技如何發達，孩子一世幸福的起源，仍然來自於父母的影響，如果每一個孩子都能從小在父母親的懷抱中，傾聽故事，共享閱讀之樂，長大後養成了閱讀習慣，這將是一生中享用不盡的財富。

三民書局的劉振強董事長，想必也是一位深信讀書是人生最大財富的人，在讀書人口往下滑落的多元化時代，他仍然堅信讀書的重要，近年來，更不計成本，連續出版了特別為孩子們策劃的兒童文學叢書，從「文學家」、「藝術家」、「音樂家」、「影響世界的人」系列到「童話小天地」、「第一次」系列，至今已出版了近百本，這僅是由筆者主編出版的部分叢書而已，若包括其他兒童詩集及套書，三民書局已出版不下千百種的兒童讀物。

劉董事長也時常感念著，在他困苦貧窮的青少年時期，是書使他堅強向上，在社會普遍困苦，而生活簡陋的年代，也是書成了他最好的良伴，他希望在他的有生之年，分享這份資產，讓下一代可以充分使用，讓親子共讀的親情，源遠流長。

「世紀人物100」系列早就在他的關切中構思著，希望能出版

孩子們喜歡而且一生難忘的好書。近年來筆者放下一切寫作，接下這份主編重任，並結合海內外有心兒童文學的作者共同為下一代效力，正是感動於劉董事長致力文化大業的真誠之心，更欣喜許多志同道合的朋友，能與我一起為孩子們寫書。

「世紀人物 100」系列規劃出版一百位人物故事，中外各占五十人，包括了在歷史上有關文學、藝術、人文、政治與科學等各行各業有貢獻的人物故事，邀請國內外兒童文學領域專業的學者、作家同心協力編寫，費時多年，分梯次出版。在越來越多元化的世界中，每個人都有各自的才華與潛力，每個朝代也都有其可歌可泣的故事，但是在故事背後所具有的一個共同點，就是每個傳主在困苦中不屈不撓，令人難忘的經歷，這些經歷經由各作者用心博覽有關資料，再三推敲求證，再以文學之筆，寫出了有趣而感人的故事。

西諺有云：「世界因有各式各樣不同的人群，才更加多采多姿。」這套書就是以「人」的故事為主旨，不刻意美化傳主，以每一位傳主的生活經歷為主軸，深入描寫他們成長的環境、家庭教育與童年生活，深入探索是什麼因素造成了他們與眾不同？是什麼力量驅動了他們鍥而不捨的毅力？以日常生活中的小故事，來描繪出這些人物，為什麼能使夢想成真。為了引起小讀者的興趣，特別著重在各傳主的童年生活描述，希望能引起共鳴。尤其在閱讀這些作品時，能於心領神會中得到靈感。

和一般從外文翻譯出來的偉人傳記所不同的是，此套書的特色是，由熟悉兒童文學又關心教育的作者用心收集資料，用有趣的故

事，融入知識，並以文學之筆，深入淺出寫出適合小朋友與大朋友閱讀的人物傳記。在探討每位人物的內在心理因素之餘，也希望讀者從閱讀中，能激勵出個人內在的潛力和夢想。我相信每個孩子在年少時都會發呆做夢，在他們發呆和做夢的同時，書是他們最私密的好友，在閱讀中，沒有批判和譏諷，卻可隨書中的主人翁，海闊天空一起遨遊，或狂想或計畫，而成為心靈知交，不僅留下年少時，從閱讀中得到的神交良伴（一個回憶），如果能兩代共讀，讀後一起討論，綿綿相傳，留下共同回憶，何嘗不是一幅幸福的親子圖？

2006 年，我們升格成為祖字輩，有一位朋友提了滿滿兩袋的童書相送，一袋給新科父母，一袋給我們。老友是美國國家科學院院士，曾擔任過全美閱讀評估諮議委員，也是一位慈愛的好爺爺，深信閱讀對人生的重要。他很感性的說：「不要以為娃娃聽不懂故事，我的孫兒們一出生就聽我們唸故事書，長大後不僅愛讀書而且想像力豐富，尤其是文字表達能力特別強。」我完全同意，並欣然接受那兩袋最珍貴的禮物。

因為我們同樣都是愛讀書、也深得讀書之樂的人。

謹以此套「世紀人物 100」叢書送給所有愛讀書的孩子和家庭，以及我們的孫兒——石開文，他們都是世界上最幸福的孩子，因為從小有書為伴，與愛同行。

顛覆「偉人」迷思的羅斯福

「迷思」這個字是從英文音譯過來的，意思是一種沒有經過深思熟慮，或者仔細推敲，但是大家卻這麼認為的一種想法。

關於「偉人」就有一種這樣的迷思。

偉人是我們這種平凡人的靠山，既然是靠山，就得夠高夠結實，才能讓人家靠啊，所以提到偉人，不論中外古今都有一些難辨真假、關於偉人的傳說。以前還有皇帝的時候，大凡上「天」之「子」，出生時一定有些祥瑞，不是天邊出現紫色的雲朵，就是異香撲鼻，要不然就是看到有一條金龍從天上竄入宮殿等等，反正，他就是得跟一般人不同，否則怎麼稱得上是「偉」大的「人」呢？

所以，非偉人遇難則退的時候，偉人則一定會堅持到底；大家在河邊只想到抓魚的時候，偉人則能在細密的觀察中，被魚兒力爭上游的精神所感動；還有平常的小孩子如果弄壞了父親心愛的東西，大概都會嚇得屁滾尿流，趕忙找不在場證明，而偉人則就算要接受嚴厲的處罰，也一定誠實以對，堅持最高的道德標準。

於是，我也是抱著這樣的心情，想看看羅斯福，這個曾經當過全世界最強國家的最高領導人，有些什麼樣不同凡響的「特異功能」。但是令我驚訝的是，羅斯

福非但沒有出生在清貧之家，完全缺乏「天將降大任於斯人也，必先苦其心智，勞其筋骨，餓其體膚……」的偉人養成訓練，相反的，他還生在完全「應該」會被寵壞的超級有錢家族裡，從小茶來伸手，飯來張口；而且在學校裡，也不是神童類的聰明小子，學校功課平平，只是中等而已；總之，怎麼看都很不符合偉人的標準模式。

那麼，你一定很好奇，這樣一個對做偉人來說有點「先天不足」的人，究竟怎麼成為大家公認十分偉大的人呢？相信你看完這本書之後，一定就會有答案了。

寫書的人

李民安

輔大經濟系畢業，師大三研所碩士，曾任大學講師、雜誌社特約撰述。

她從小最擅長的事就是問「為什麼」，當學生的時候，她問老師「為什麼」，當老師的時候，她問學生「為什麼」，對不明白的事情，她絕對不假裝明白，對沒有道理的事情，她絕對不無條件接受。在無數個詢問和答案來往的過程中，她長成一個喜歡探索新世界，學習新事物和自認非常講道理的人。

閱讀、旅遊、繪畫、音樂和打坐是她的興趣，曾經在三民書局出版過童書《解剖大偵探——柯南‧道爾 vs. 福爾摩斯》、《石頭不見了》、《銀毛與斑斑》、《灰姑娘鞋店》、《佛陀小檔案——釋迦牟尼的故事》等。現旅居美國，在中學擔任中文教師，並不定時在國內外報紙發表有關報導文學、幽默文學、親子關係和小說類的文章。

新政先生

富蘭克林‧羅斯福

目次

富蘭克林‧羅斯福

1882～1945

　　美國的富蘭克林‧羅斯福總統，這個上個世紀遠在太平洋那一邊當美國總統的傢伙，究竟有什麼值得寫的？我相信我的讀者們，在羅斯福當總統的時候，都還沒有出生呢！別說讀者，就連我這個寫書的人，在他當總統的時候，也還不知道在哪裡呢。

　　美國從 1776 年建國至今，出現過兩個亞當斯總統，兩個哈里遜總統，兩個布希總統，和兩個羅斯福總統，在這本書裡我們要介紹的，就是被人稱為「小羅斯福總統」的富蘭克林‧羅斯福。

　　既然介紹的是政治人物，那麼我們不妨就先從「政治」這個字眼開始說起吧。

1 「政治」這個東西

一般人對「政治」這個字眼，似乎都懷著一種負面的觀感，提到「政客」，腦海裡浮現的是一種現實、沒有原則，為達目的，可以不擇手段的人；如果一個人，為了自己的利益，可以厚臉皮把出爾反爾的行徑合理化，我們就說他在耍「政治手腕」。可是「政治」究竟是什麼呢？

我們的國父孫中山先生給「政治」下了一個很清楚明白，也很容易懂的定義，他說：「『政』是眾人之事，『治』是管理，『政治』就是管理眾人之事。」換句話說，只要是跟大家的生活有關係，需要一個能讓多數人認同的法則，來維持一種合理的秩序，都是「政治」的範圍。

　　所以小自你們家社區裡的流浪狗、下水道、垃圾處理，大到一整個國家要怎麼累積財富（財政）、怎麼跟別的國家打交道（外交）、如何保護自己老百姓生命跟財產的安全（內政）、該怎麼培養人民的能力（教育）、怎樣適度的武裝才能防止他國的欺侮（軍事）等等，都跟「政治」脫不了關係，都是「政治」涵蓋的範圍。

　　所以，不管你喜歡還是討厭，除非你離群索居，一個人住在荒島上，不跟別人交往，做個現代「魯賓遜」，否則我們就沒有人能置身「政治」之外。

　　其實，想想你家裡的情形，就很容易明白了，我們每一個人的家，就是一個具體而微的小國家，爸爸跟媽媽在外面辛辛苦苦的賺錢，如何分配這些收入，多少用在房子貸款、多少用在飲食

衣服、多少用在娛樂消遣、什麼東西現在非買不可、什麼東西可以等到以後再買，都要精打細算，而且不能把錢花得一毛不剩，一定要能存下來一點，以備不時之需，或者從事其他的投資，這些就跟國家的「財政」一樣，如果算計得不好，就會面臨破產的命運。

再看看你家的左鄰右舍吧，他們可能有的很和善，你很願意跟他做朋友，可是一定也有的鄰居，又霸道，又不講理，老是把公家的地方占去放私人的東西，你惹不起這樣的人，但是為了自己的權益，又不得不跟他們進行交涉，於是，應該用什麼樣的態度和方法跟這樣的人打交道，就成了很傷腦筋、也很需要技巧的事情，這跟國家的「外交」也沒什麼兩樣。

還有，爸爸媽媽一定常常嘮

叨你，要你好好讀書，因為受好的教育將來有好的工作、好的發展，才能過好的生活；他們可能還為了陶冶你的性情、培養你對藝術的修養，帶你去看不同名目的展覽，或者在放假時帶你到外地去旅行，以增廣見聞，說不定還強迫你上「才藝班」、「英文班」、「音樂班」，這就是標準的「教育」事務。

出門的時候，檢查門窗，請左鄰右舍的朋友代收信件，可能你家裡還裝了鐵門跟鐵窗，或者是住在一個有保全系統的社區中，這些就是顧慮到家裡安全的「治安」事宜跟「軍事」設施。

你看，就算是一個小小的家，也跟大大的國一樣，財政、經濟、教育、外交、軍事、治安各種事務樣樣俱全，這也是為什麼中國人有幾句老話:「治大國如烹小鮮」，「一室之不治，何以

天下國家為?」前一句的意思是，治理國家這件事情，講明白了，不過就是跟在廚房裡煮魚這樣的家事一樣簡單；而後面一句話說的是，如果一個人連自己家裡的事情都管不了、管不好，就不必相信他還有能力去擔當什麼治國平天下的重任啦。

2 誰來「管理眾人之事」？

儘管我們每一個人的日常生活，都跟「政治」有關，可是，並不是人人都對這項「管理眾人之事」的工作感興趣。

比方說，我們在學校，班上需要維持秩序老師才能講課，同學們也才能學習；另外，教室裡的整潔也很重要，試想，如果教室裡像垃圾堆那樣髒，臭氣四溢、蒼蠅亂飛，在這樣的環境裡，你坐得住、聽得進老師講的課嗎？還有，交作業的時候，也不能大家都一窩蜂的往老師辦公室跑，否則那會多亂、多擠啊？這些，都是一個班級裡需要有人來管理的「眾人之事」。

所以每一班都要有能幫老師維持秩序的「風紀股長」，一個給同學分組打掃教室、維持清潔

的「衛生股長」，還有幫老師收作業、組織學習小組、協助大家課後加強學習的「學藝股長」，除此之外，還有幫體育老師點名、上課帶同學去搬體育器材、並負責歸還的「體育股長」，跟替大家安排郊遊活動、辦同樂會、負責給大家帶來歡笑的「康樂股長」，當然，更少不了一個總領其事的「班長」。

　　但是，這些「眾人之事」並不是每一個同學都有興趣去做的，我相信在你班上，也一定有不少這樣的同學，他們只想把書讀好，並不願意在繁重的課業負擔外，再花時間做這種看起來對自己沒有什麼好處的事情。我們不難從身邊的例子發現，通常投身「管理眾人之事」的人，都是一個團體中的少數，而這個人，除了本身的「意願」之外，他辦事情的「能力」，和「人緣」也

很重要，畢竟空有意願但卻缺乏能力的人，不可能做成什麼事；而一個人緣欠佳的人，就算他意願再強，能力再好，也很可能被人扯後腿，或因沒有及時的後援，導致事倍功半，甚至一事無成的結果，所以這三者缺一不可。

至於這些班級幹部產生的途徑也很不同，一般來說可以分成兩種，一種是由班級導師指派產生，另外一種就是大家先提名候選人，然後一起來投票選舉產生；前者以一個人的意見為最高和最終的指導原則，比較「專制獨裁」，後者則是現代鼓吹流行的「人民做主」方式。

話說在「地球」這個大學校裡，位在太平洋操場西邊，號稱有五千年歷史的古老「中國」班，跟位在太平洋東邊，只有兩百多年歷史的年輕「美國」班，

產生班級幹部的方式很不一樣。

中國班的班長過去一直是經由老師指定產生的,再由班長自行任命其他的班級幹部。儘管在過去五千年中從「夏」班、「商」班、「周」班,一直到「清」班,換過不少班級導師,但是基本上,這種「一個人說了就算」的「獨裁式」幹部產生形態並沒有多大改變。

一直到 1912 年,中國的「民國」班換了一個單名「文」,別號「逸仙」的孫老師,他才大刀闊斧的改變作法,用史無前例的「民主」方式選拔幹部,但是班上同學一時之間還不能完全掌握自己變成主人的「做主」新觀念,也不習慣這種新的選舉程序,再加上這一班總是有學生喜歡在班上搞幫派、打架生事*,

不能維持團結和諧的局面，讓老師無法好好教育同學們關於「民主」的精神，更談不上去培養「民主」的素養了。自己不爭氣的結果，就是讓隔壁「日本班」的學生，都敢放肆的到中國班來打人生事＊；所以有好長的一段時間，班上的秩序都非常不好，直到現在，都還在摸索試驗中。

美國班卻不同，從兩百多年前開班之初，就是採取大家一起來決定公共事務處理原則的方式，在一些對「管理眾人之事」有意願的人中間，誰能讓多數同學信服，就由誰來擔任這個職位的工作；雖然在一開始的時候，並不是每一個「民」都能做「主」，比方說女同學和黑人同學就當了很久「沒有聲音」的人，但是這一班幸運的是，沒有

放大鏡

＊指中國對日抗戰。

問題學生擾亂班上的秩序，只有在很早的時候，為了黑人同學在班上的地位和權利問題，意見不同的白人同學在教室裡打了一回群架＊，後來就算他們偶爾跟別班的同學鬧意見、打架，可是從來沒有在自己班的教室裡面打，他們都是跑到別人教室、或者操場跟走廊去打架，所以經過兩百多年，美國班裡的桌椅跟設備都沒有被破壞，不斷充實訓練教育的結果，讓這一班成為全校實力很強、講話很有分量的一班。

而美國老師在班上所實施的「民主制度」，在經過兩百多年以後，相對於其他班級，也有了比較成熟和完善的面貌，成為大家羨慕的對象。他們也很以自己的成就為榮，很想把這一套方法介紹給全校其他的班級來實施。

富蘭克林‧羅斯福就是在這樣的制度下，被美國班同學們選

出來的班長。而且，他這個班長
跟別的班長不同，他是在美國班
至今兩百多年的歷史中，唯一一
個因緣際會被同學們選上四次、
做了十二年的班長＊。

 放大鏡

＊指美國南北戰爭。1861 到 1865 年，美國為了
黑奴問題展開南北戰爭，最後由主張解放黑奴的林肯總統所領導的
北軍獲得勝利。
＊按照美國憲法的規定，總統一任四年，可連任一次，因此最長的
總統任期為八年。

3 改變羅斯福的那個夏天

　　讓我從羅斯福三十九歲的那個夏天開始講起，因為在那個夏天所發生的一件事情，徹頭徹尾改變了他的生活。

　　1921 年的 8 月 10 日，羅斯福跟他的太太伊蓮諾，帶著五個孩子＊，到緬因州與加拿大邊境的坎普貝羅小島去度假，他們駕著一艘 24 英尺長的遊艇，悠遊自在的在海上釣魚游泳。羅斯福剛代表美國民主黨競選副總統失利，在經過了漫長和艱苦的競選活動之後，對他來說，這實在是一個難得可以好好放鬆一下的假期。

　　他們在船上，看到遠處的小

放大鏡

＊羅斯福的太太名為伊蓮諾 (Eleanor Roosevelt)，五個孩子則為安娜 (Anna)、占姆士 (James)、艾立特 (Elliot)、小富蘭克林 (Franklin junior) 和約翰 (John)。

島有一排樹叢不知為什麼冒出了火光，一行人趕忙把船開過去，用了兩個鐘頭的時間才把火撲滅。回到家，羅斯福並沒有馬上換下溼了的游泳衣，他坐在陽臺上讀了一下當天收到的信件，忽然覺得一陣刺骨的涼意襲來。

他轉頭對伊蓮諾說：「我想我八成是著涼了。今天晚上得好好休息一下。」他囑咐別讓孩子來打擾，也免得把感冒傳染給他們；那天晚上，伊蓮諾特別把晚餐送到他的房間來，吃過飯後他早早的就睡了，他覺得只要好好睡上一覺，明天便又是生龍活虎的一條好漢，可是他不知道，這一覺睡下去，醒來時他卻再也不會跟以前一樣了。

那天晚上，他難受得幾乎沒有睡著，第二天早上開始高燒不斷，他試著下床，卻差點就跌倒了，他的左腳不但無力，而且彷

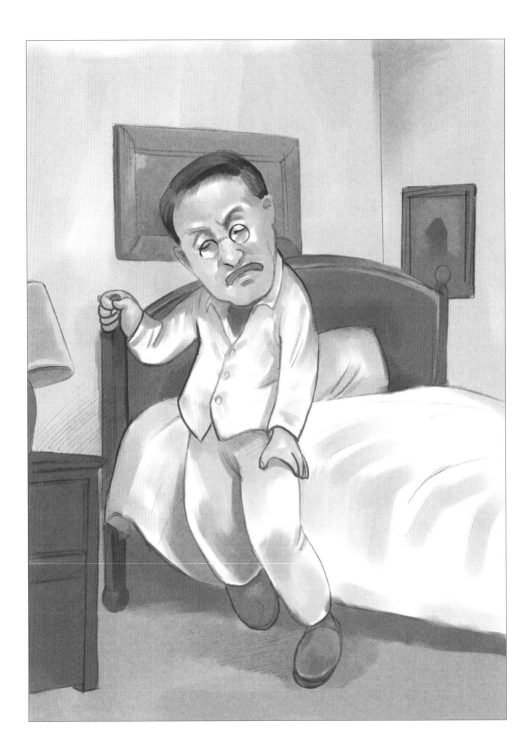

佛從肌肉痛到骨頭裡去了，他只好再回到床上。

伊蓮諾憂心忡忡的找來當地的醫生，醫生說只是得了重感冒，可是羅斯福自己很清楚，這個病絕對不是普通的感冒，肯定比感冒要嚴重得多。到了那天晚上，他的右腳也變得跟左腳一樣虛弱。又過了一個難熬的晚上，到了 12 日早上，他已經完全沒有辦法站立，左腳不但疼痛入骨，而且開始失去知覺，變得麻木。

在這段期間，伊蓮諾找了不同的醫生來給羅斯福診治，也把他的病歷送到不同的醫院去徵詢有名醫生的意見，到了 8 月 25 日，波士頓的專科醫生羅偉到達坎普貝羅，做了冗長的檢驗之後，他沉痛的告訴伊蓮諾：「夫人，我幾乎可以斷定，羅斯福先生得了小兒麻痺症！」

小兒麻痺症在 1920 年代，是

美國最讓人聞之色變的一種疾病，伊蓮諾一聽，不敢怠慢，馬上把羅斯福送進紐約的大醫院，交給也是他們家好友的朱魄爾醫生*來診治。

不過，有件事情讓伊蓮諾拿不定主意，就是她應該把先生的病情毫無保留的對大眾公開嗎？因為羅斯福在當時，已經是能代表民主黨角逐副總統大位的知名政治人物，病情一旦公開，會不會影響他未來的政治生涯？

可是他們家多年的好朋友豪爾則認為，正是因為羅斯福已經這麼出名了，所以媒體遲早會把真相「挖」出來；與其讓媒體「挖」出來當「政治祕辛」的「八卦」報導，倒不如正大光明的把正確的消息提供給這些有「無冕王」*之稱的記者。

伊蓮諾採納了他的意見，1921年9月16日的《紐約時報》

上，羅斯福得到小兒麻痺症的消息被刊登在顯著的地方。

　　當 10 月份羅斯福離開醫院的時候，情況已經十分明顯，他萎縮的雙腿，除非奇蹟出現，幾乎註定終生無法站立，此生必須依賴支架才能行走。

＊即 Mr. George Draper。

＊無冕王　由於媒體記者常常以「社會大眾有知的權利」為由，挖掘各種內幕加以報導，有的讓政治人物的不當行為曝光，得以糾正，也有的能引起輿論關注，成為社會風潮，正因為他們雖然以小人物的姿態出現，卻能產生很大的影響力，所以人們給記者冠上「無冕王」的封號。

4 走在人生的谷底

　　羅斯福在人生最低潮的時刻，把他生性中的樂觀精神表露無遺，他決定不讓這兩條不能行動的腿，成為自己有用生命的障礙，所以用最積極的態度來接受命運給他的挑戰。

　　他保持一貫輕鬆幽默的方式來接待訪客，不希望朋友離開的時候，在腦子裡留下一個「無助的跛子」的可憐觀感，他才不要別人可憐呢。有一次，他甚至還對一個老朋友發下戰書:「來以前，你一定以為會看到一個蒼白無助的傢伙，鬱悶的躺在床上，信不信我還是一拳就能把你打倒？想不想試試看?」面對這樣積極樂觀的病人，你想要同情他都沒有辦法。

　　生病以前，又高又帥的羅斯

福在陸地上能跑善跳，在水裡也優游自如，而小兒麻痺一下子奪去他兩條腿的行動能力，一些以前根本沒有想過會是問題的生活瑣事，現在都成了巨大艱辛的挑戰，於是，他重新想方設法來訓練自己獨立，目標是讓自己能自由行動，盡量減低對他人的依賴。

他以往身為運動員的求勝精神，跟不輕言放棄的毅力，在辛苦漫長的復健過程中被發揮到極致。他每天花很長時間游泳，把雙手跟肩膀訓練得非常有力，使他能夠用雙臂把自己從輪椅裡「搬」到沙發，或者其他的位子上。

你想得出來，什麼事被羅斯福視為是最困難的嗎？答案是「上下樓梯」，因為你怎麼能不靠別人幫忙而能坐在輪椅上下樓梯呢？結果他想到一個好方法來

解決，就是「不坐輪椅」，他把自己從輪椅裡搬到樓下的第二階樓梯上，然後，就用手臂，一階一階把自己撐上去，只要在樓上再準備一套輪椅就行了；也只有親身嘗試後，他才感嘆：「樓梯兩邊的把手，對像我這樣行動不便的人來說，真是太有幫助了。」他以前認為，樓梯的把手只是可有可無的裝飾罷了。

坐著輪椅在家裡來去自如，並不能讓羅斯福滿足，他的目標是要能站起來，還要能走。靠著一副每條腿重約五公斤的金屬支架，再加上從腿到腰部的支撐，他終於能微微顫顫的站起來慢慢走了，但是你可以想像這有多麼不舒服。

他還有一輛特別訂做的車子，煞車和油門完全用手操作，所以他也能開長途車去拜訪朋友，或者去近郊的地方走走，他

相當成功的維持了室內和室外獨立行動的能力。

羅斯福也是一個自尊心很強的人，他不希望別人太注意他身體上的不便，所以羅斯福絕對不讓公眾看到他坐在輪椅裡的樣子，一般來說，他只讓大家看到他坐在車子裡，或者已經鎖好腿部支架的站立姿勢。

這兩年流行起來的「泡湯」（泡溫泉），羅斯福可以說是先驅喔。1924年他在喬治亞州的暖泉，第一次泡湯，發現雖然泡溫泉不能治療好他雙腿的麻痺跟萎縮，但是確實能夠相當程度的減輕他腿部的不舒服，不但讓他在泡湯的時候很舒服，而且回家以後還能保持一段時間。於是兩年以後，他斥「巨資」，花了那個時候的二十萬美金（約相當於現在的一百二十萬美金），在家裡裝了全套的泡湯設備，而且在

1927 年成立了「喬治亞暖泉基金會」，那裡很快就成為研究疾病及治療的國際中心。

身為基金會創辦人的羅斯福到喬治亞去的時候，常常用他自己的經驗鼓勵在那裡的病人，他最常勉勵其他病患的話就是：「你要相信自己一定會進步，要時時提醒自己，生病以前喜歡做什麼，現在儘管生病還要持續去做，千萬不要因為生病就放棄，這樣才能享受生活中所有的美好事物。」

同樣是病人，羅斯福從不跟其他的病人同病相「憐」，他要跟他們同病相「勉」，這也是我最佩服他的一個地方。

含著「金湯匙」長大的羅斯福

你一定已經發現，就算羅斯福在盛年得了小兒麻痺症，但是跟很多其他的人比較起來，他絕對還是一個天之驕子，因為有很多人生了病，卻沒有辦法找到最好的醫生、進最有名的醫院、做最先進的診斷和治療；或者家裡沒有足夠的經濟能力做後盾，在因病喪失行動能力之後，無法繼續長期復健、改變居住環境的設施、改裝汽車，來便利病人的行動。只要看看羅斯福能在1920年代中期，花那個時候的二十萬美金，裝一套泡湯設備在家裡，就可以想見，他家的財富不是一般人能相比的。

羅斯福可以被歸類是美國的「貴族」階級。

「羅斯福家族」是荷蘭人的

後裔，早在 1664 年就從歐洲新阿姆斯特丹遷移到了美國，在日後改名為「紐約」的這個地方落腳，到了富蘭克林‧羅斯福，算一算已經是第八代了。

　　「羅斯福家族」在大紐約地區主要住在長島和哈德遜河谷，有意思的是，在長島後來出了一個共和黨的羅斯福總統，人稱「老羅斯福」；而在哈德遜河谷則出了個民主黨的羅斯福總統，人稱「小羅斯福」＊。

　　早期從歐洲到美國來的移民，大都聚集在紐約地區，傳統從事金融事業，他們基於家族財富累積上的考慮，不管交友或者聯姻，多半都集中在這個圈子裡，久而久之自成一個小型的上流貴族社會，十分的「物以類聚」。

　　這些人的生活形態跟一般美國大眾非常不同，就以富蘭克

林‧羅斯福的父親占姆士為例，他每年去德國泡溫泉，到法國南邊去打獵，在蘇格蘭射鳥，這樣的生活在今天聽起來，都不是普通的有錢人能負擔得起的，得非常有錢才行。

循著跟上流社會聯姻的傳統，占姆士跟當時社交名媛中，大家公認最漂亮的莎拉＊結婚。

1882 年 1 月 30 日晚上八點四十五分，莎拉生下一個十磅重的男孩子，這也是他們夫妻倆唯一的一個孩子；可以算是「老來得子」的占姆士，那分高興跟得意就甭提了。

可是，這個男孩子生下來以後，過了七個星期都沒有取名

＊「老羅斯福」即 Theodore Roosevelt，「小羅斯福」即 Franklin Roosevelt。

＊莎拉　即 Sara Delano，跟占姆士與前妻生的兒子同年，和占姆士相差二十三歲，是標準的「老夫少妻」。

字，因為占姆士跟莎拉兩個人對該取什麼名字爭執不下。占姆士喜歡「Isac」這個名字，可是莎拉希望能用她叔叔的名字「富蘭克林」來為兒子命名＊。

既然是「少妻」，氣勢不免要略勝一籌，所以這個「孩子命名權」的爭執，最後還是做母親的莎拉取得勝利。由此也可以看出，她是一個意志力非常強的女人，那當然不是第一次，也不是最後一次她貫徹她意志力的例子。事實上，莎拉的意志力一直

放大鏡

＊從這裡可以看出中國文化跟西方文化中一個很不一樣的地方。在中國，後代的子孫，為了表示對先人的尊敬，都盡量避免跟祖先用同樣的名字。在以前的皇室中，規矩就更嚴了，新皇帝登基後，所有家族中的子弟後代，只要名字中有跟皇帝名字同樣的字，都得馬上換掉，以表示對皇帝的尊重，和身為上「天」之「子」獨一無二的特殊地位。你如果對自己的名字情有獨鍾，堅持不肯換，說不定還會被安上個「不敬」的罪名，得接受處分呢！可是在西方，同樣是為了表示喜歡或者敬重某人，而把自己的孩子按照那個人的名字命名，是一種非常普遍的作法，所以才會有「喬治二世」、「伊莉莎白三世」這樣的名字出現。

影響著羅斯福的童年生活，甚至主導日後他生命裡幾個非常關鍵的決定。

　　莎拉小心翼翼的照顧這個寶貝兒子，不但不假保姆之手，親自給他洗澡，而且不怕麻煩的餵母奶餵了一年；在羅斯福八歲以前，她從來不讓他單獨洗澡，對這個唯一的兒子，莎拉可說是照顧得無微不至，她甚至保留了記載羅斯福從出生到二十來歲每天做什麼事情的「日記」。

　　通常有一個這麼強勢的母親在上面主導一切，兒子的個性會相對顯得軟弱，可是莎拉又很聰明的不溺愛他，因為，她要兒子日後也跟她一樣，成為一個有著堅強意志力的人。

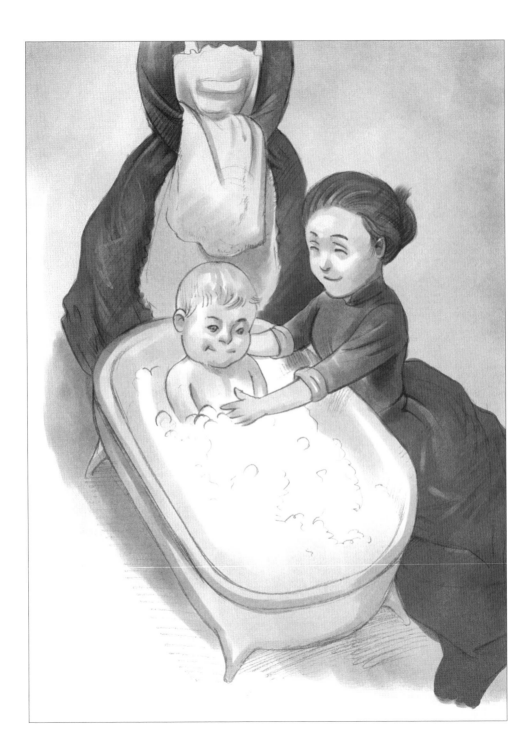

6 行萬里路的教育

身為富裕的歐洲後裔、美國貴族階級的一員，羅斯福從小不但享受極其舒適的生活條件，也經歷了跟一般人非常不一樣的教育過程。

美國一般的小孩子，五歲進幼稚園，六歲開始讀小學，十歲左右從小學畢業，然後進入初中，十四歲左右進入高中。可是羅斯福在十四歲以前，從來沒有接受過一般正規的學校教育，他花了很多時間跟父母到各個地方去旅行，偶爾不旅行待在家裡的時候，就請了家庭教師來給他個別授課。

通常，每年他都會去紐約費爾黑文看外婆，然後在坎普貝羅過暑假，再到紐約市他爸爸的豪華公寓去住上幾個月，他也常常

坐他爸爸有投資股份的火車＊去不同的地方觀光，而當他們坐火車的時候，因為特殊的身分，當然不會坐一般人的普通車廂，火車公司會準備有臥室，起居室，和佣人服務的特別豪華車廂給他們一家搭乘。

除此之外，羅斯福也跟他的父母去了歐洲無數次，在歐洲，他實際練習跟家庭教師學來的德文跟法文；占姆士跟莎拉深信，這種寓教育於生活的成長方式，能讓他們的兒子具備淵博的知識，並對世界有更廣大的視野，而且有心的占姆士，也有計畫的帶羅斯福參與他的商業旅行，把業界有頭有臉的人介紹給兒子認識，也讓他在不知不覺中熟悉了社交的技巧與禮儀。

＊即達拉維爾與哈德遜 (Delaware and Hudson) 火車公司。

　　年輕的羅斯福真正從「行萬里路」中，吸收了「讀萬卷書」中的知識，到了十四歲的時候，已經長成為一位比一般青少年知識更廣博，更有世界觀，個性開朗，充滿自信，令人喜愛的年輕人。

　　我們常把「人生而平等」這句話掛在口頭，其實看看我們周遭就知道，人其實從出生的那一刻起就是不平等的，有的孩子先天帶著殘疾，也有的孩子根本不被期待，有的人生得漂亮，有的人生得聰明，有的人出生在富裕之家，有的人一生下來就被父母丟棄；可是這種「不平等」絕對不能用來作為自己不上進的藉口，因為有更多的人由於不認命，雖然身處困境反而加倍努力，結果成了貧苦家庭的中興者，自然，也有不少安於富貴出身的人，由於好日子得來全不費

功夫而偷懶投機，結果成了家道沒落的罪人。相較之下，羅斯福就真的太幸運了，他的父母不但有心而且有能力栽培他，更難得的是他們栽培得法。

在十四歲以前，羅斯福跟同齡孩子交往的機會不多，對象也很有限，不過他一向知道，自己比別的男孩子有著更優越的生活條件，可是這種特殊感在他 1896 年進入麻州最富盛名的私立哥登高中就讀之後，就消失殆盡了。

7 從哥登到哈佛

　　私立哥登高中是一所只收男學生的住宿學校，學費昂貴，學生家長全是家境富裕、在社會上有頭有臉、深具影響力的人，來自這樣家庭的一群孩子聚在一起的結果，就是誰都變得不那麼「高人一等」了，因為你有的我也有，你會的我也會，你去過的地方，我也去過。

　　不過離開父母，住在學校裡，對羅斯福來說，也是全新的經驗。高中四年中，他的社交跟學業都不出色，並沒有給同學們留下什麼非常特殊的印象，成績平均是「B」，不是全「A」的高材生，如果用在中國學校裡的方式來說，羅斯福的課業表現是「乙」，不是「甲」的優等生。

　　1900 年羅斯福從哥登高中畢

業以後，進入造就出很多總統、名律師、金融家的「哈佛大學」就讀＊。

就算進了哈佛，羅斯福還是一貫的表現平平，或許我們很容易就把他跟「世家子弟」，甚至「紈袴子弟」劃上等號，但是他雖然課業表現不出色，可是心裡卻有了要「服務大眾」、「回饋社會」的想法，這種「居心」就讓這個平凡的人不平凡起來了。

他又是怎樣看待自己比旁人優渥的「貴族階級」家庭呢？他曾經在大二寫過一篇陳述家庭的作文中提到：「在紐約不少荷蘭後裔的家庭，他們除了自己繼承祖

放大鏡

＊你或許覺得很奇怪，像羅斯福這種成績，怎麼可能夠資格進入「哈佛」這所知名學府？其實如果你讀的高中夠貴族、你的姓夠響亮、家世背景夠可觀、親戚夠有名、甚至口袋裡的錢夠多，這些有名的學校也十分歡迎這樣有「條件」的學生，所以我們在抱怨大學聯考的同時，或許也不該抹煞這個制度對所有人「一視同仁」的公平優越性吧。

先的那個名字外，一無所有；他們極少有民主的精神跟觀念，這也是『羅斯福』家族跟他們最大的不同之處；我們從來不認為因為我們出生在高人一等的社會階層中，就可以理所當然的把手放在口袋裡來迎接成功；相反的，正因為我們生在比別人優越的環境中，我們就更責無旁貸的該在社會上負起為大家服務的責任。」

其實，這只是羅斯福自己內心深處的看法，事實上，他口中的「羅斯福家族」也跟其他的荷蘭後裔沒有什麼兩樣；他的父親跟祖父，並不怎麼關心他說的這種「社會責任」，所做的也非常有限，只有他這個「羅斯福」很「例外」。

不過，羅斯福在哈佛算得上是一個人緣很好，十分受矚目的人物。他的父親在 1900 年羅斯福讀大一的時候過世，留給他的財

產讓他平均一年有六千美元的收入，當時美國一般勞工階級的平均年收入是兩百到六百美元，他一個不事生產的大學生，有高過他們最少十倍的收入。同年，他的堂兄老羅斯福當選美國總統，這讓他在校園中想要不被人注意都不行。

像他這樣的身分跟背景，再回頭看看他大二那年寫的文章，並對照日後他身體力行在社會上做的事情，才真正能感受他這個人的不凡之處。

有人戲稱「大學」是「由你玩四年」＊，羅斯福的大學四年，雖然課業平平，不過他還是玩得非常忙碌，他參加了很多課外活動，種類繁多，有音樂性的

＊「大學」的英文為 university，有人以其中文諧音「由你玩四年」來描述部分大學生，一旦從升學考試的壓力中解放出來後，對學校學業不甚用心和努力的態度。

也有體育性的，其中，讓他投注了最多熱情的，要算是哈佛大學的學校報紙，他在 1903 年當上了總編輯，這可以算是他大學四年中最大的成就之一。

　　另外一項成就，就是認識了老羅斯福弟弟的女兒，算起來是他堂姪女的伊‧蓮諾‧羅斯福。

8 另一個「羅斯福」

　　伊蓮諾比羅斯福小兩歲，在那個貴族社交圈中從小就彼此熟識，但是真正正開始交往是在羅斯福讀大四的那一年。

　　伊蓮諾雖然跟他有同樣顯赫的姓氏，老羅斯福總統還是她的親伯伯，可是跟羅斯福相較，她的成長過程要坎坷多了。

　　伊蓮諾的媽媽自己是個大美女，可是伊蓮諾一生下來就不是個可愛的嬰兒，日後長大，也並沒有如媽媽期望那樣，從醜小鴨變成美麗的天鵝，所以伊蓮諾從小就不得母親的疼愛，媽媽形容她這個女兒長得像個「小老太婆」，不但是指她外貌上的不討人喜歡，而且是指她不開朗、不活潑的個性。伊蓮諾跟母親的關係也很疏離，可以說從來沒有愛

過她的媽媽；伊蓮諾的母親身體健康一直不好，在她八歲那年就去世了，死的時候才二十九歲。

而伊蓮諾的父親雖然很愛她，可是卻有酗酒的毛病，被妻子娘家的人嫌棄，因為怕他讓家族丟臉，所以把他遠遠的送到歐洲去，想讓他在那裡戒酒，可是一直都沒有成功。他在伊蓮諾的母親死後兩年也過世了。

十歲就父母雙亡的伊蓮諾，成長中大部分的時間是在歐洲受教育，只有放假的時候，才回到美國來探親訪友。「探親訪友」是比較好聽的說法，事實的情況是，因為她無父無母是個孤兒，沒有了自己的家，只能在不同的親戚間輾轉度過不上學的日子。她不停的在英國的寄宿學校、外婆家，以及不同的親戚家之間遷徙，養成她沒有安全感、拘謹、嚴肅、老成的個性，這跟自信、

外向、熱情的羅斯福完全不同，也跟其他的「社交名媛」天差地別。

可能就是這分「與眾不同」深深吸引了羅斯福。伊蓮諾不喜歡參加舞會，不喜歡跟其他的貴族子弟做沒有意義的交談；相反的，她把時間用在探訪社會弱勢者身上。有一次，她跟羅斯福談到她去一個專門收容無家可歸小孩的地方，幫他們補習功課，這引起羅斯福的興趣，央求她帶他去「長長見識」；結果一次探訪之後，羅斯福大大的被他所看到的貧困景象所震撼，同時也更被這個充滿愛心的女孩所吸引。

正因為伊蓮諾的種種「不同」，讓羅斯福在一開始不敢讓他的媽媽知道他的羅曼史，因為他怕莎拉不會同意他跟伊蓮諾交往，畢竟雖然他們都姓「羅斯福」，但是家庭背景卻相差了十

萬八千里。

他們兩個人在 1903 年開始正式交往，隔年決定訂婚；羅斯福的媽媽莎拉在得知這一個消息之後，心裡非常不高興。試想，身為一個母親，連自己獨生兒子訂婚這樣的大事，居然都沒有事先徵求她的意見，就被他自作主張的決定了，她心裡的不舒服可以想見；所以她就以他們年紀還輕，羅斯福還在讀大四為理由，要求他們不要正式公布這個消息，等一年以後再說。

其實，這只是莎拉的「緩兵之計」，在她的想法裡，這個訂婚只不過是兩個「小孩子」在熱戀中，一時衝動所做的決定，等到一年以後，熱情消散，婚約自然就會作罷。可是沒有想到，一年以後看到羅斯福跟伊蓮諾依舊兩情相悅，她也就只能認了。所以羅斯福與伊蓮諾遂於 1905 年完

婚，那一年羅斯福二十三歲，已
經進入紐約哥倫比亞大學法學院
就讀，伊蓮諾二十一歲。

羅斯福的
婚姻和愛情

　　由於伊蓮諾的父母都已經過世，所以是由伊蓮諾的伯伯，當時的美國總統老羅斯福為他們主婚，舉行了盛大的婚禮。不過，一個隆重盛大的婚禮，並不能保證婚姻美滿，王子與公主結婚以後，也不必然從此就能「過著幸福快樂的生活」。在羅斯福與伊蓮諾的婚姻裡，羅斯福強勢的母親莎拉，是他們一開始就得面對的「問題」。

　　過去，莎拉主控羅斯福的生活長達二十三年，她當然不習慣有另外一個女人，來介入她跟獨生兒子的親密關係，所以不管伊蓮諾在婚前婚後，如何遷就她、想討她的歡心，卻始終得不到她的認可。從跟羅斯福結婚，到莎拉去世以前的三十八年中，莎拉

始終對伊蓮諾抱著敵意與成見，從來不尊重她的意願，兩個人的關係不但缺乏好的開始，而且也從來沒有改善過。

莎拉習慣性的「撈過界」，擅自幫羅斯福和伊蓮諾決定許多本該由他們小倆口來拿主意的事情，比方說，在新婚夫婦從歐洲蜜月旅行回來之後，她給他們在紐約市買下一棟公寓，連家裡的擺設、布置都一手搞定，還連管家都幫他們請妥了。

對有的人來說，什麼都不要自己費心，何樂而不為呢？可是對伊蓮諾來說，由於長時間在親戚家過著一種「高級」的流浪生活，所以她非常期待在結婚以後，能有一個真正屬於自己的家。一個自己的家，在很大的意義上來說，是一個她能夠自己做主的家，所以伊蓮諾對莎拉種種「越俎代庖」的舉動，簡直要抓

狂。

　　從 1906 年到 1916 年這十年中間，伊蓮諾過的是一種紐約上層家庭，已婚婦女很典型的生活，她生了六個孩子，一個夭折，共有一個女孩和四個男孩存活，而且她被要求放棄在外面的工作，因為莎拉說那樣常常接觸外面的各式人等，容易帶回來不明的細菌，對像她這樣有很多小孩的家庭不好。

　　在生了兩個男孩子之後，他們的房子已經有點不夠用，所以 1908 年，她就開始考慮該換一個大一點的房子。不過，你千萬不要誤會，這裡的「她」，指的並不是羅斯福的太太伊蓮諾，而是他的媽媽莎拉。

　　再一次，莎拉做主看上了一棟位於紐約市六十五東街的房子，那並不只是一棟單純一家一戶的房子，而是兩戶並排相聯

的，莎拉占據了整個第二層，和其他各層也都有門彼此相通；聰明過人的伊蓮諾很明白，這意味著，這個女人不但是她那一層公寓的當然女主人，也不放棄要繼續做兒子這一層公寓的女主人；有一個占有欲這麼強的婆婆，對任何一個已婚婦女來說，都是惡夢。

　　過去，曾經有不少人疑惑，羅斯福究竟為什麼捨棄其他的社交名媛，而選擇貌不驚人、個性又嚴肅拘謹的伊蓮諾共度一生？如果他當初是跟另外一個女人結婚，有沒有可能得到母親的認可？第二個問題並不難回答，不管任何人跟羅斯福結婚，大概都很難得到他母親莎拉的歡心，因為基本上，她把那個要跟獨子結婚的女人，都看成是一個「入侵者」，一個來介入她與兒子親密關係的「外人」，所以很難在感

情上平和的接受「媳婦」＊。

　　至於羅斯福選擇伊蓮諾的理由，1971年研究羅斯福與伊蓮諾關係的學者賴許指出，從小被母親教育得對未來很有抱負和理想的羅斯福，比別人都明白，在婚姻裡，他要的是一個有能力的「幫手」，而非一個漂亮的「玩伴」；而在歐洲受教育，有廣大視野的伊蓮諾，甚至她那從小被譏笑為「小老太婆」的老成持重，在羅斯福的眼睛裡，都成了獨一無二的優點。

放大鏡

＊也有人不明白，莎拉為什麼能在羅斯福的婚姻裡持續保持強勢的發言權？其實你只要想一想莎拉的財力就能理解；雖然從法學院畢業，當上律師的羅斯福，一年的收入有一萬兩千五百美元，如果在今天，相當一年有三十萬美元的收入，比一般人遠遠要高出很多，照理說，要維持上流社會生活裡一般經常性的支出，並不成問題，可是他們如果還要換大房子、買摩托車、全家到歐洲去旅行、讓五個孩子上有名的私立學校，那就得仰仗多金的莎拉了。所以有錢的老媽想要做什麼，羅斯福就很難拒絕。

10 踏上政治的不歸路

　　中國人說三十而立，1907年，已經結婚，做了兩個孩子父親的羅斯福才二十五歲，那年他從法學院畢業，通過紐約州的律師考試，取得執照，但是他一直都沒有忘記當年在大學作文裡所寫的，要為社會大眾，公共事務服務的志願。

　　工作之餘的閒聊中，這群年輕律師不免會「盍各言爾志」＊一番，羅斯福很早就知道他不會一輩子做律師，對他來說，律師只是一個過渡的工作，他覺得自己一定會走上為社會大眾服務的路，「說不定以後會做美國總統呢！」他說。

放大鏡

＊盍各言爾志　語出《論語》，是孔子和他的弟子在一起時，要他們各自談談未來的抱負與志向的意思。

不知道他當年在律師事務所的同事，聽到這個三十歲不到的年輕小伙子「侈言」「總統志向」時，有沒有人笑他；不過，既然他的家族已經出過一個總統，那麼他的「總統志向」好像就顯得不那麼可笑，只要有機會，再出一個總統也不是不可能。

而機會來得比羅斯福想像得快。

1909 年底，民主黨在荷蘭裔區的主席柏金斯，和羅斯福家過去在海德公園的老鄰居偶然接觸，那個老鄰居向柏金斯大力推薦一個叫「富蘭克林‧羅斯福」的後生，在成車的好話之後，並建議他讓這個人緣與能力俱佳的年輕人，擔任民主黨在該地區的負責人。

由於荷蘭裔的社區裡，一向都是共和黨的勢力範圍，因此柏

金斯也一直在留心足堪大任的後起之秀，以便在時機來時，能幫民主黨扳回劣勢。既然知道有如此傑出的人才，當然不能放過；於是他親自出馬，在 1910 年邀請羅斯福代表民主黨，在第二十六選區都卻斯縣競選州參議員，羅斯福很爽快的答應了，就此展開他日後三十多年的政治事業。

其實在那個時候，這個提名看起來像是在開玩笑似的，因為「羅斯福家族」一向是有名的共和黨支持者，別忘了他們家還出了一個共和黨的總統，而且那個選區，從 1856 年起，就一直都是共和黨的地盤，已經有超過半世紀不曾「變天」，就連找他出馬的柏金斯都對他不抱希望；他之所以找羅斯福出來選，打的主意只不過是要這個「明日」之星累積一點日後競選的經驗罷了，純粹是讓他來打一次過程重於結果

的「練習賽」。

其中，只有一個人信心滿滿、興致勃勃，深信羅斯福會贏，那個人就是羅斯福自己。

在接受民主黨提名之後，他就「馬」不停蹄*的展開競選活動，可是他嫌馬車太慢，便去租了一輛鮮紅色的麥斯威爾敞篷休旅車，讓選民能看到他開朗的笑容，與他揮手的身影。

他就坐著這在當時令人一見難忘的拉風車子，在老家哈德遜河谷，從一個鄉鎮到另一個鄉鎮穿梭拜訪，平均一天要在不同的場合發表十場演說。

在路上，他不時停下車來和舊時的鄰居、農民、商店顧客打招呼，他完全沒有架子，站在路邊跟選民閒聊，聽眾人告訴他當地所面臨的問題，他天生開朗真

＊當時的標準競選交通工具是四輪馬車。

誠的個性，讓人覺得溫暖親切而有信賴感，和大家以往印象裡高高在上的政治人物十分不同。投票之日，他讓所有政治觀察家跌破眼鏡，在選前沒有人看好的情況之下，以一千一百四十票的些微差距，為民主黨贏得該選區半世紀以來首次的勝利。

對一個沒有政治背景與記錄的新人來說，首次參選可以很容易，也可能很難。

因為沒有為大家做過事的記錄，沒有對選民開過支票，所以對手就沒有什麼資料好來攻擊他；可是也正由於他沒有過任事的經驗，又怎麼來證明他具備足夠的能力、拿什麼來說服選民把神聖的一票投給他呢？

羅斯福用的方法就是加深選民的印象（拉風的敞篷車），再輔以他個性上的優點，和一股初生之犢不畏虎的衝勁和朝氣，頻

頻下鄉，和選民做面對面最直接
的第一類接觸，才成功完成了這
個「不可能的任務」。

11 彗星升起
的過程

　　自小就在歐洲上流社交圈子長大的羅斯福，比任何人都了解，做一個公眾人物該有怎麼樣恰到好處的「排場」，因為合於身分跟地位的派頭，是在別人心中留下好印象的主要方式。所以羅斯福選上州參議員，舉家搬到紐約州首府愛柏尼市時，他很用心的租了一棟月租四百元的三層樓房；這對羅斯福那些一年只有一千五百塊美金收入的議員同事們來說，這個房子簡直像宮殿一樣豪華＊。他很順利的在愛柏尼的政治圈中打響了個人的知名度，大家很快都知道有這麼一個從哈德遜河谷來的新立法人物。

放大鏡　＊羅斯福那時來自家族遺產和律師工作的年收入的總和，是他們的十倍。

64

　　但是，羅斯福並不是只有過人的財富與嫻熟的社交手腕，他拼命努力，憑著認真的工作精神以及過人的能力，在新職務上贏得大家的尊敬。他以學法律的背景，關注在與一般勞工階級有關的法律事務上，很快就獲得紐約州勞工局，以及其他勞工團體的信賴和支持。靠著人緣和影響力，羅斯福不久就成了州參議員中的領袖人物，能左右各項選舉的提名，而他也善用自己的地位和影響力，在民主黨裡累積了豐厚的人脈。

　　在這個時期，羅斯福也認識並贏得了一個日後對他有莫大幫助的人，一個愛柏尼報紙的記者路易斯‧豪爾。

　　豪爾是一個筆鋒犀利，對公共議題見解獨到的政論專欄記者，他非常了解新聞媒體的力量，後來成了羅斯福的首席軍

師，非但是他智囊團中最重要的人物，也成了他們全家一生的好友。

豪爾在他的工作中，曾經跟非常多的政治人物接觸過，他很早就深信羅斯福日後將在歷史中占有一席之地，他從心裡喜歡這個對公共事務充滿熱情、具備領袖氣質的政壇新人。

1912 年羅斯福第一任的州參議員任期結束，就在競選連任之初，他得了傷寒熱，根本沒有辦法進行任何競選活動，豪爾就幫羅斯福寫信給選民，陳述競選理念；完全靠著書面攻勢，就讓羅斯福在幾乎沒有親自出面的情況之下，順利連任成功，當然這也是因為羅斯福在第一個任期中，建立了很好的名聲，工作有成績有表現，否則任憑你妙筆生花，大概也是沒有辦法無中生有「掰」出政績。

那一年競選還沒有結束的時候，有一次豪爾戲稱羅斯福為「我摯愛的未來總統」，看來他心目中的羅斯福，絕對不只是州參議員這個小池塘裡的一尾小蝦子。

1912 年羅斯福是民主黨總統候選人威爾遜的重要支持者，在威爾遜當選之後，羅斯福夫婦應邀到首府華盛頓去參加總統就職大典，在那裡，他見到剛被總統任命為海軍部長的丹尼爾；出人意表的，丹尼爾問他是不是願意到華盛頓來做他的助理。

照羅斯福自己的說法是：「我一生都喜歡船，嚮往加入海軍，成為海軍的一員。」相信在他早年「周遊列國」的遊學時代，就已經對揚帆四海的生活型態十分感興趣，但是以他的家世背景和他母親的期望，絕對不可能讓他捨「哈佛」而去加入海軍的；沒有

想到，這個機會居然在他已經步入政壇後來臨，因此，羅斯福可以說是用喜出望外的心情馬上接受了這個邀請。

12 從地方到中央

　　1913 年羅斯福正式展開他在華府海軍部門的工作，管理海軍巨大的造船廠，和成千上萬在其中工作的人員；他所負的責任和工作的重要性，在 1914 年第一次世界大戰爆發之後，很顯著的增加了。雖然那個時候，美國並沒有直接參與歐洲的戰事，可是羅斯福以宏觀的角度來分析，認為由於全世界各個國家交流頻繁，而且交通工具日益便利，所以從實質上來看，國與國之間的距離比以前縮短很多，因此，儘管戰事發生在歐洲，可是身在美洲的美國，處境依舊危險，一個不小心就會捲入戰爭。

　　基於同樣的考量，羅斯福建議美國在歐洲大戰發生的同時，不但不能掉以輕心，反而要更加

強海軍的軍事戰力，才足以保證美國本土的安全。

可是他的「卓見」，並沒有得到他的老闆丹尼爾的認同，羅斯福就決定，跳過他的直屬上級長官，親自去向總統報告，爭取支持。

沒想到，威爾遜總統也跟丹尼爾的想法一樣。「擴張海軍的實力」在他們當時看起來，似乎不那麼緊急和必要，所以他也沒有同意羅斯福提出的計畫。羅斯福還是不死心，他利用每一個公開和私下的機會，陳述他的觀點，務必讓更多的人聽到他的聲音，並由此造成輿論。他甚至也在報章雜誌上發表文章，詳細解釋他的看法。

羅斯福深信，美國必須在全世界保持軍事上絕對的優勢，不能讓其他國家在戰力上超越美國，他說:「我們要有一個強大的

海軍，這個海軍不但要能保衛美國本土的海岸線，更重要的是，還要能在戰時，護衛我們國家的商船到任何地方安全無虞的做生意。」

基本上，他的主張跟中國人說的「天涯若比鄰」的精神是一致的。試想，如果你所居住的村子裡，有幾家鄰居發生械鬥，儘管你家跟打架的鄰居隔了兩條巷子，但是難保他們哪一天不會打到你家門口來，讓你住的地方受到破壞，所以，雖然你沒有加入打鬥，但是還是得加強居家的安全戒備，才能確保家人的平安。而且就算村子裡只有幾家在械鬥打架，可是他們各自為了要打贏，當然四處去拉幫手，並且購買更多、更稱手的「打架用品」；這個時候，你雖然沒有參加他們任何一邊，也不想捲入他們的爭鬥，但是你如果不同時加

強保護自己的能力，恐怕連門都不能出了，就算要出門，大概也只能遠遠的繞道而行。

在羅斯福的想法裡，你在這個「非常時期」，非但要擴充自家警衛的力量，而且還要擴充得比那幾家在打架的力量還要強，這樣才能讓那幾個鬧事的人家不敢輕視你，也不會趁機來欺負你，同時也才足以保障自己的家人，讓他們不管什麼時候要出門，不管要去什麼地方，依舊能暢通無阻，保持跟平時一樣的生活方式。

可是羅斯福雖然大聲疾呼了好幾年，威爾遜總統卻始終「有聽沒有見」的跟他打哈哈，有的時候，他的態度之堅持，言辭之激烈，甚至還讓人覺得他有「犯上」之嫌呢。到了 1917 年，美國終究不可避免的捲入這場戰事，威爾遜總統才正式批准羅斯福爭

取了好多年的海軍擴建計畫。

這件事情，除了凸顯他過人的意志力之外，很多人也因此佩服他有洞燭機先的眼光，認為他是一個大膽的、有遠見的人，足以勝任一個軍事上的領袖。

1918 年他到法國戰場上去視察，血淋淋的戰場、斷裂的槍枝、無主的頭盔、無名的墳頭、軍人屍體手中未完的家書，這一切都在他腦海裡留下不可磨滅的印象。

羅斯福在第一次世界大戰中，學到兩個重要的功課，第一就是「絕對強大的美國」，第二則是「戰爭是極端殘酷的」。前者的軍事觀念，在他日後的總統生涯中，主導了他帶領美國的方向；而來自戰場上的第一手資料，也在多年以後，讓身為三軍統帥的他，面臨必須送子弟兵上戰場的關鍵時刻，躊躇再三。

13 家庭裡的風暴

　　1913 年，伊-蓮諾因為羅斯福變換工作而跟著搬到華府居住。華府雖然是美國的首都，是國家政治的中心，可是在那個時代，對住在紐約州的上流社會人士來說，那兒根本就是一個氣候溼熱、沒有什麼文化、落後的南方未開發區域，只有腦筋不清楚的人才會捨紐約而就華府呢。可是伊-蓮諾高高興興的在這裡展開她的新生活，因為她終於脫離羅斯福母親莎拉的控制區，能在自己的家裡做真正的女主人了。

　　她在華府的生活與一般的家庭婦女無異；羅斯福是一個熱情好客的人，時常在工作以外的時間，邀請朋友們到家裡做客，他們聚在一起高談闊論、討論時事、抒發意見，伊-蓮諾則幫忙管

家準備咖啡點心，讓大家盡興而歡，華府政治圈裡的人，在不上班的時候，都喜歡到他們家來聚會聊天，大家都公認她是個很稱職的女主人。

開始的時候，伊蓮諾很少參與這些男士們的討論，但是從第一次世界大戰爆發之後，情形有了改變。由於他們對歐洲的情形非常陌生隔閡，而伊蓮諾過去曾經有很長的一段時間在歐洲受教育，於是她便成了羅斯福和他的同事朋友間，關於歐洲情資的最佳來源，從歐洲的文化、語言、貨幣，到各國彼此之間的關係利害，伊蓮諾都能一一為他們解說。

而這些男士們很快就驚奇的發現，這個女主人不但煮得一手好咖啡，而且發起言來見解獨到精闢，能見人所未見，議論時一針見血，很快就能掌握重點，實

在是一個絕佳的談話對象，所以漸漸的，伊蓮諾不但加入客人們的討論，而且常常成為討論的靈魂人物。

那個時候伊蓮諾已經有了一女二男三個年紀相近的孩子，而且在 1914 年和 1916 年，又陸續生了兩個兒子，在「男主外，女主內」的傳統期待下，日日得打理煩瑣的家務和先生的社交活動，雖然家裡有不只一個管家可以幫忙，但還是讓她每天都忙得焦頭爛額，不過，毫無疑問的，這一段期間她在精神上是快樂自由的。

可惜，伊蓮諾的快樂與自由，因為 1918 年一個不在她預期之中的事件而提早結束。

1918 年羅斯福從歐洲戰場視察回來的時候，身體狀況不佳，下船以後還是坐救護車回家的，伊蓮諾在幫他整理行李的時候，

很意外的發現一束信件，是另外一個女人在羅斯福去歐洲的時候寫給他的，從寫信人字裡行間的語氣和用詞，不難看出這兩個人的情誼匪淺，絕對已經超過一般朋友的普通關係，伊蓮諾很痛心的發現，羅斯福有了「外遇」，而這個第三者，竟然是她自己的祕書露西‧摩瑟。

這一場家庭風暴居然沒有以「離婚」告終，推究起來原因很多，第一，他們得考慮五個孩子對這件事情的好惡和未來；伊蓮諾在一個不完整的家庭成長，她一心要給自己的孩子一個圓滿幸福的家庭，因此她傾向不離婚。第二，他們家的好友豪爾告誡他們，「離婚」記錄對羅斯福未來的政治生涯，可能會產生不良的影響，讓他失去更上層樓的機會。第三，也是非常現實的，第三者露西也是有夫之婦，而且是

天主教的信徒，因此就算羅斯福跟伊蓮諾離婚，露西也和她的先生離婚，但是教會也不會允許羅斯福與露西兩個人結婚。第四，羅斯福很有悔意的答應伊蓮諾從此不再跟露西有瓜葛。

　　伊蓮諾曾經以羅斯福為她的「天」和「王」那樣的敬愛，可以想見這個外遇事件在她心裡的傷害有多麼深，她雖然同意不離婚，但是個性剛烈的伊蓮諾一把火把婚前羅斯福給她寫的情書，通通給燒了個精光，一封都不剩，所以到現在，研究羅斯福跟伊蓮諾的歷史學者，只有伊蓮諾婚前寫給羅斯福的信可以研究，至於羅斯福的情書寫得有多好，已經「不可考」了。

　　從此以後，他們的婚姻名存實亡，終其二人一生，都僅保持了一種事業上的夥伴關係。

14 走在人生 的轉彎處

　　在接近 1920 年美國總統大選前一年，第一次世界大戰也已經結束快一年了，民主黨開始進行總統提名作業，最後決定由俄亥俄州的州長考克斯代表民主黨出馬，並且提名羅斯福做他的副總統候選人，美國憲法規定競選美國總統和副總統的最低年齡是三十五歲，那一年羅斯福三十八歲。

　　他們這一仗選得很辛苦，因為民主黨極力主張美國在戰後加入世界性的國際組織*，但是在當年，這個想法並不被大多數的美國人所接受，而共和黨在一些公眾議題上，又掌握了大部分人的好惡，所以 11 月總統大選的結

*也就是「聯合國」的前身「國際聯盟」。

果，共和黨的哈定贏得了勝利。

新總統上臺以後，羅斯福決定從政壇淡出一陣子來喘口氣，這些年來忙碌的政治生活，不但剝奪了他跟家人相處的時間，也無形中損害了他的健康，他需要時間好好休養＊，同時他也預備花比較多的時間給家人，於是舉家遷回紐約，他也回鍋去做律師。不料 1921 年夏天就發生了小兒麻痺症的「意外事件」。

在羅斯福得了小兒麻痺症，失去行動能力之後，包括他自己在內的很多人都一度認為，這顆政壇彗星已自星空隕落，他的政

放大鏡

＊羅斯福在那個時候，其實並不像外表看起來那麼健康，1911 年夏天犯了鼻竇炎的毛病，1912 年整個競選州參議員連任的期間，為傷寒熱所苦，1917 年夏天，喉嚨嚴重發炎，1918 年他從歐洲戰場回來的時候，眼睛看東西時出現兩個影像，是坐救護車才從下船的地方回到紐約母親家的，進家門的時候，還勞駕了四個海軍軍人才把他抬進去，1919 年初又感染了席捲歐洲和美洲的大流行感冒。從這一連串的病史不難看出，羅斯福在 1921 年得到小兒麻痺症之前，他的身體早就有一點外強中乾了。

治生命也將從此告終，但是1924年他在民主黨代表大會上，出面推薦提名史密斯為總統候選人之後，不但在民主黨裡面引起很大的回響，而且在一般的公眾和媒體間也給了他非常高的評價。因此，1928年民主黨的領袖敦促他出馬競選紐約州的州長，那是生病以後第一次，羅斯福意識到，他長久以來的政治夢，或許還沒有跟著他的雙腿萎縮，可能還有實現的一天。

可是，對羅斯福來說，這並不是一個容易下的決定，他究竟應該把剩下的歲月，用在身體的復健？還是以這副不再健康強壯的身體冒險再出發，接受一個結果尚在未定之天的挑戰？那一年他四十六歲，已經是「祖父級」的人啦。

紐約州是美國經濟金融的重心，在那裡有全世界重量級的銀

行總部，可以說是美國最舉足輕重的州，如果能在這一戰中贏得勝利，出掌這個美國最重要州的州長，日後或許還有機會更上層樓，他很「阿Q」的想:「就算競選失利，大不了就是回家游泳，繼續鍛鍊身體，還會有什麼損失呢?」他彷彿聽到徵召他上前線的號角，便強忍著身體上的不適，勉力迎上前去。

那個時代的人，普遍還認為，一個身體有殘疾的人，是社會的負債，而非資產，因此羅斯福決定以殘疾之身繼續投身政治活動，來爭取為大家服務的機會，是觀念上的一個刺激和創新。其他的候選人深知這個對手的實力，所以絕不放棄任何可以用來打擊他的議題。紐約州既然是大州，州務的煩瑣可見一斑，他們就對選民說:「雖然羅斯福或許是一個有能力的人，但是如果

他選上州長，煩瑣的州務是他的身體所能承受的嗎？我們相信，就是最愛戴他的朋友，也都不忍心投他一票，致使他陷入那個痛苦掙扎的境地。」這樣的柔性宣傳，很能打動人心。

羅斯福聽從豪爾的建議，對這樣「不見血」的攻擊，做出最快速的回應。他在媒體上公開表示:「如果是真正的朋友，不但一定會投我一票，而且我請求你能為我拉越多票越好。」但是他也知道，他必須在一般群眾心裡，建立一個「堪負重任」的形象，所以他跟所有的候選人一樣，參加各種各樣繁瑣的競選活動，以「不缺席」的實際表現，向大眾證明，他的身體足以應付日後的工作量。

他也用心設計了競選所使用的交通工具，「敞篷車」依然是他的首選，他在前座的椅背後加

裝了一條不鏽鋼的把手，當車子停妥，坐在後座的他，就以強壯的臂力抓著把手一躍而起，然後站在車子裡發表演說，他雙腳的支架固定好了穿在長褲裡面，群眾完全看不見，因此有很多人根本沒有意識到他的腿有毛病。

　　如果群眾大會是在二樓或者三樓，就由兩個大漢把他從大樓後面的防火梯背上去。過去的建築設計，對行動不便的人非常不友善，有的時候大樓的防火樓梯不夠寬，他就得像在家裡那樣，坐在樓梯上，咬著牙一階一階的用雙手把自己「搬」上樓去，然後依然以最燦爛和積極的笑容，面對等在那裡的人們。

　　只有最親近的朋友和競選同仁，才看得到這背後不為人知的一幕，他們事後形容，自己得用手掐住喉嚨，才能克制住激動的情緒，同樣的景象看在他的親人

眼中，更多的是不忍，但是他這種超出常人的毅力，也感動、激勵了更多的人。

羅斯福並沒有拿自己殘疾的「悲情」來大作文章，相反的，他相當幽默，他曾經自我調侃：「一般被提名競選州長的人，都得用勁的『跑』＊，但是您們都知道，我是不可能跑的，所以我希望您們能夠協助我『走進』州長辦公室就行了。」

放大鏡

＊英文中「從事競選活動」是 "Run Campaign"，但是 "Run" 當動詞時最為人熟悉的意思是「跑」。

15 走進州長辦公室後的黑色序幕

1928 年胡佛幫共和黨再一次奪下美國總統的寶座，可是在紐約州的羅斯福，卻以極微小的差距，擊敗他共和黨的對手，當選了州長，從此邁向他政治生涯的高峰。

羅斯福過去所受的教育，和從小自生活與旅行中，一點一滴所累積的知識，讓他成為一個氣度獨特，充滿領袖氣質的人，而且由於身體上的殘疾，讓他更謙虛，心更柔軟，也更能體貼別人，不像其他高高在上，不知民間疾苦的領導人物。

從走進州長辦公室的那一刻起，他在很短的時間內，向所有可能還心懷疑惑的人，證明他絕對是一個有能力扛起州長職責的人；他善用自己的領袖氣質和便

給的口才，讓議會通過了很多以前一直沒有通過的議案，並且推動失業人口的經濟救助計畫，和照顧老年人的養老金方案。

他的這些施政，在一開始遭遇了很多反對的聲音，因為這樣的救助計畫，在多數人的觀念裡，是屬於社會主義的範圍。社會主義以完善的社會福利為號召，主張用政府的力量，把社會上的財富平均的分配給需要的人，它所引起的最大質疑是，如果社會福利如此完善，倒楣的一定是規規矩矩工作的付稅者，而社會上將會養出一批寧願坐領救濟金、坐等福利照顧，也不願意去工作的遊手好閒之輩。

但是羅斯福成功的說服州立法者，可以經由設定嚴格的門檻限制，過濾掉那些投機取巧的人，他深信代行公權力的人，要以積極的態度來照顧這些不能照

顧自己、也沒有人願意去照顧的弱勢族群，絕對不能有「多做多錯，不做不錯」的苟且心態。

在羅斯福州長生涯中，所面臨最大的挑戰，就是發生在他上任次年的「經濟大衰退」。

1920 年代，美國是全世界經濟最繁榮的國家，可是在 1929 年的 10 月，紐約華爾街股票市場，完全沒有預期的一夕崩盤，從這裡所引起的連鎖反應，不但使美國的經濟進入大蕭條期，全世界的經濟也因此受到影響。

讓我簡單的來解釋一下股票市場。一個上市公司對外發行股票，意思就是向社會大眾徵集它的經營資金，買了這家股票的人就是「股東」，但是公司實際的經營權，還是操在公司的老闆手裡，他們通常是公司最大的股東、擁有最多的股票。如果這家公司營運良好、獲利豐富，公司

的股票就會應聲上揚，反之下跌。投資股票市場的人，當然都希望低價買進高價賣出，期間的差價就是投資的獲利。

經濟繁榮的時候，市場活絡、公司賺錢、股票價格上揚，投資人當然心花怒放，如果買了股票以後，因為經濟不景氣，股票價格「跌跌不休」的話，你就會看到爸爸媽媽的苦瓜臉了。

1929 年 10 月的那個黑色星期五，美國股票市場事先沒有一點跡象的開始大跌，許多人在一夕之間跌掉了他們畢生的積蓄和退休金，隨著股票價格以坐雲霄飛車的速度一路往下衝，很多原來認為自己很有錢，或者覺得自己經濟狀況還不錯的人，忽然發現自己其實窮得可以，那就更不要提那些原本就不怎麼富裕的人家了。大家都想在股票的價值跌光以前拋售，結果賣的人大增，反

而讓股票的價格跌得更快。

　　當你手頭緊，很自然的反應就是減少開支，少逛街、少買東西；當社會上大多數的人都不得已「節衣縮食」的時候，經濟活動停滯，景氣益發不好，這就是一個惡性循環。當時紐約，甚至整個美國，整個世界的情形就是如此。

16 時勢造英雄

　　1929 年 10 月以前，美國的失業率是百分之三，意思是在一百個有工作能力的人裡面，有三個人沒有工作；到了 1930 年初，失業率增加了三倍，到達百分之九，在接下來的兩年，失業率更跳升到百分之二十五，換句話說，就是四個有工作能力的人中，就有一個人找不到工作，這是非常可怕的一個數字，因為它意味著全國可能有高達四分之一的家庭沒有收入。

　　同一時期，美國有九千家銀行倒閉，而絕大多數的人，因為從來沒有想像過可能會有這樣的情況發生，沒有保銀行存款的險，所以在銀行倒閉的時候，就失去了他們所有的積蓄。那個時候，每天都有人從華爾街上的大

樓頂跳下來自殺，「1929年10月的黑色星期五」是投資人至今仍談之色變的惡夢。

這就是羅斯福當州長時，從第二年開始，所要面對的危機和挑戰。

處在金融風暴中心的羅斯福深信，在銀行倒閉、大企業破產、小公司關門、四分之一的家庭沒有收入、一般老百姓沒有支出意願，而因為普遍消費行為減少、經濟益發停滯的時候，政府就應該責無旁貸的挺身而出，為大家製造就業機會，因為提高就業率讓大家有收入的同時，就能刺激消費，這是唯一能把經濟搞活的手段。

又一次，羅斯福被對手視為社會主義者，他在這個時候，根本沒有時間來打口水仗，他將誹謗置之腦後，把州長權力範圍之內所能動用的州政府財政，盡可

能的投注在協助失業人口再就業的計畫上。但是他的努力實在沒有辦法扭轉整個大環境的頹勢，所得到的效果非常有限。

不過，紐約州的人民都睜大了眼睛，看到他們選出來的州長是如何把解除州民的痛苦放在施政的首位，又是怎麼想盡一切辦法想要幫助他們，紐約人民對羅斯福這分用心最直接的回報，就是用選票讓他以懸殊的比數在1930年連任成功。

在羅斯福第二個任期間，經濟大衰退繼續發威，席捲整個國家，很快的，1932年的總統大選又接近了。當時美國人普遍譴責共和黨的胡佛總統，認為他（和執政黨）事先既沒有防微杜漸的能力，事後也缺乏解決問題的有效方案，才讓經濟問題如雪球般越滾越大，因此很自然的有「換人（黨）做做看」的想法。因此

整個氣氛對民主黨的候選人非常有利。

再加上一個有趣的統計顯示，從 1868 年至 1928 年間的十六次總統選舉中，如不計個別的參選人，「民主」、「共和」兩大黨，共推出了三十二個候選人，其中有十個是紐約州長出身。因此當時身為紐約州長，又是民主黨的羅斯福，很自然的成為各方矚目的焦點。可說占了「天時」。

可是身在聚光燈下的羅斯福，也必然成為其他想參加總統競選者的「假想敵」，他們第一個瞄準來攻擊他的，竟然又是他身體上的殘疾，有人很不客氣的以「那個無用的跛子」來稱呼他；還有人似模似樣的說他身體上的殘疾，已經影響到他的腦子；而「謠言」也從來不會在白熱化的選舉活動中缺席，有人說

他是因為性行為不檢點，得了梅毒，才讓他跛了腳，而且他這種梅毒，還會在游泳池裡傳染給小孩子；甚至連《時代雜誌》都評論道：「這個候選人或許在智力上足以勝任做一個總統，但是身體上絕對不適任。」

對付這種中傷，豪爾跟羅斯福想出一個辦法，他們特許一個共和黨中，相當受人尊敬，言論很受大家重視的作者陸克，參加一天他們很平常的競選行程，結果陸克先生寫了一篇報導，形容羅斯福「雖然雙腿確實不便，但是我覺得他所能夠承受的挑戰與打擊，遠比較他年輕十歲的人更大。」他們拿到這篇文章如獲至寶，馬上印了上千份，廣為散發給民主黨的領袖和全國的媒體人。

羅斯福的競選演說在每一個地方都打動無數的人，他說：「我

答應你們，也應許我自己，將要以一個『新政』讓我們國家從衰退的傷痛中復甦，我需要你們的幫助，才能一起來打贏這場聖戰。」

一次又一次，「新政」這個名詞，像是一帖藥，讓美國人民在大蕭條的漫漫長夜裡，看到了一線曙光。

選民在 1932 年的大選中，用選票表達了他們具體的期待：羅斯福和他的副手贏得了當時四十八州中四十四州四百七十二張的選舉人票＊，他的對手，當時的總統胡佛，只拿到四州五十九張

放大鏡

＊美國總統是由選民「間接選舉」而非「直接選舉」產生。每一州按人口多寡比例，分配不同額數的選舉人，在各州贏得較多選民選票的候選人，可一舉囊括該州全數的選舉人票，最後以獲得全國總選舉人票數較多的候選人勝出。在這樣的制度下，當雙方實力接近，戰況膠著的時候，很有可能某一候選人雖在全國一般選民得票數較高，卻以較少的選舉人票敗下陣來。這也是為什麼每次總統大選時，候選人都特別關注選舉人票數較多的幾個大州，因為如能在這些關鍵州取得勝利，就可大勢底定。

選舉人票。羅斯福終於實現了他的夢想，成為全世界這個最有影響力的國家中，那個最有權力和最有影響力的人。

17 非常總統向「恐懼」宣戰

　　在身為候選人的時候，羅斯福提出「新政」的構想，現在已經得到總統大位，他究竟有沒有辦法兌現他對全國人民開出的支票？這會不會是一張「空頭支票」？百姓在絕望中，視這個新上任的總統為他們迷途的領航員，他們急切的等待他帶領大家走出經濟的困境，每個人都用焦急但充滿期待的眼睛仰望他，等著看這位「新政先生」的下一步會怎麼走。

　　羅斯福和他的老前輩林肯總統一樣，就任總統的時候，整個國家正處於「非常狀況」；林肯得收拾南北戰爭後的殘局，而等著羅斯福的，是衰退停滯到谷底，欲振乏力的經濟。

　　以羅斯福在 1933 年 3 月 4 日

就職那一天為例，美國有超過一千三百萬人失業，工業產值從1929年以來，已經減少了百分之五十六，成千上萬的農民付不出貸款，數不清無家可歸和極度貧窮的人，每天排著長長的隊伍，等待地方政府發麵包和熱湯才能生存下去。如果按照中國人的迷信來看，在這樣的日子上任，實在不是什麼好兆頭，似乎已經預告了他未來的總統任期前途多艱。

比這些數字更糟糕的是，羅斯福察覺到，一種無以名之的恐懼，占據了美國人民的心頭，有時，這種「不知道未來會如何」的恐懼感，給國家帶來的無形傷害更大；所以當他就職那天，面對四十英畝土地上擠得滿坑滿谷的人潮，羅斯福以安定人心的語調說出他的名言：「我深信，唯一值得我們畏懼的，就是『畏懼』

的本身。」他警告國人：「無以名狀、沒有理性、覺得情況會越來越糟的恐懼感，只會癱瘓我們的努力，一點用也沒有。」他更鼓舞大家「團結力量大」，如果全國人民堅定的支持配合政府的措施，一定能在最短的時間衝出困境，迎接戰勝經濟大蕭條的成功時刻。

再怎麼激勵人心的成功演講，也只是抽象層次的心理戰，頂多只能打動聽眾的心於一時，如果沒有接下來實際的行動，說得再多也於事無補。羅斯福比誰都清楚，沒有時間讓他舉棋不定，他得馬上行動。

接下來的三個月一百天，至今仍是美國政府史無前例效率最高、法案通過最多、企圖心最旺盛的一百天，後世的美國歷史學者，甚至以「百日振興」來為這個時期命名。

在這個非常時期裡，老百姓不能再等，已如一灘死水的經濟也不能再等，行政單位得採取最有效的「非常手段」來解決燃眉之急，這也是當時對總統有利的「天時」。

為了營造一個有利於政黨合作的「人和」環境，同時也為了表現執政黨致力政黨合作的誠意，民主黨的羅斯福，任命了三位共和黨中的重量級人物為內閣的成員，分別主掌「農業部」、「內政部」和「財政部」三個重要部門，又任命了美國政府歷史上第一位女性閣員出掌勞工部。

羅斯福就像是一個武林高手，出手又快又準，一招接著一招，招招都打在問題的要害上。

18 高手的高招

　　俗話說「新官上任三把火」，羅斯福的第一把火在3月4日宣誓就職兩天以後點燃，燒向跟全國人民息息相關的銀行體系，他以行政權力命令全國所有銀行「放假」，全體歇業，等待中央金融人員檢查各個銀行內部的簿記資料，就好像給銀行業來一次徹底的身體檢查，只有健康情形良好（財務情況還算正常），和吃點藥病就會好（中央給予一定的補助就能轉危為安）的銀行，才允許他們復業，這樣徹底整頓之後，才遏制了像骨牌一樣倒個沒完的銀行危機。

　　說起來你或許不信，這個辦法是羅斯福把所有銀行的負責人，和政府的財政金融官員，通通「關」在一個房間裡，告訴他

們在想出能有效解決銀行倒閉問題的辦法之前，誰都不要想離開，這才「激盪」出來的高招。

然後，他把下一個整頓的目標對準農民。

他向國會提出了頗受爭議的「農業調整法案」(AAA)＊，他主張有計畫的減少一些被大家大量需要的農產品的產量──你沒有看錯，他主張的是「減少」，而不是「增加」──像是大家幾乎天天都少不了的麥子、玉米、稻米、棉花、豬肉以及牛奶這些必需品，目標是讓這些產品微量的處於「不足」的狀態，你可以想見，這個法案為什麼飽受爭議了吧。

因為按照經濟學「供給和需求法則」的理論，供給大於需求的時候，產品的價格就下跌，反

＊ AAA 是 Agricultural Adjustment Act 的簡稱。

之，如果需要的量大過供給的量，產品的價格就上揚，他希望透過政府計畫調節，增加農產品的價值，讓農民的獲利增加；隨後，他又說服國會通過特別的紓困方案來協助農民付他們的貸款。事實證明，這兩個法案後來都獲得了空前的成功，因此美國農民無不視羅斯福為他們的救星。

距離他的「農業調整法案」才過了五天，羅斯福緊接著又在3月21日提出「平民保護兵團」(CCC)＊，針對城市中十八歲到二十五歲的年輕人，為他們提供工作的機會。因為他們原來的工作，在經濟大蕭條發生之後，幾乎都不存在了，因此羅斯福主張，用聯邦的資金提供他們到平時很難找到工作人員的邊遠森林

放大鏡

＊ CCC 是 Civilian Conservation Corps 的簡稱。

裡，負責種樹、消滅森林火災、建築堤壩，或到人煙稀少的地方去開路，也有的投入其他重要的工程計畫等等。

你今天如果有機會開車到美國各個地方去旅行，必定會對這些四通八達，修建完善的公路交通系統讚嘆不已，但是你或許不知道，今天所享受到的交通便利，絕大多數都是在經濟大蕭條的年代修築的，全是拜羅斯福的「平民保護兵團」計畫之賜。

這些年輕人住在工兵給他們架設的帳篷裡，除了伙食以外，一個月還可以領到聯邦政府發的三十塊錢薪水，可不要小看這三十塊錢，他們把一部分寄回自己在城市中、急待收入的家，在當時實在不無小補。這個計畫在1933年到1941年間，成功的提供了兩百七十萬美國年輕人工作的機會，成效卓著。

　　4月11日，也就是羅斯福走馬上任才一個多月的時候，他推出了至今被視為不但是美國，而且是在世界歷史上氣魄最大，最有野心的一個方案，那就是著名的「田納西河谷計畫」(TVA)＊。

　　按照「田納西河谷計畫」，政府要在田納西河谷建造十五個大型的水壩，除了能夠提供好幾百萬人的用電，也能調節水量、預防水災的發生，讓住在田納西河流域的眾多老百姓，只蒙其利，不必受其害。整個計畫幾乎可以用「移山填海」來形容它規模的巨大，不但疏通改變了河流的河道，並且在維吉尼亞、南卡羅萊那、北卡羅萊那、肯德基、密西西比這些州挖掘出新的湖泊，而且由於計畫的龐大複雜，耗時長久，因此能夠長時間的提

＊ TVA 是 Tennessee Valley Authority 的簡稱。

供大量的工作機會。

在那一百天裡，另外一個影響深遠的法案就是「全國企業復甦法案」(NIRA)＊。在這個法案裡，政府為人民存在銀行裡的錢提供保險，承諾一旦銀行倒閉，將由政府來承擔銀行的債務，保證老百姓存在銀行裡的錢不會有所損失。這樣一來，不但重建了老百姓對銀行的信心，也同時增加了銀行中的存款數額，更減少銀行因為存款人的信心危機，產生「擠兌」＊所引發的倒閉風險。更重要的是，在「全國企業復甦法案」中規範了勞（工人）資（老闆）雙方的「遊戲規則」，像現在大家耳熟能詳的

 放大鏡

＊ NIRA 是 National Industrial Recovery Act 的簡稱。

＊擠兌　大家都在同時間到銀行去把錢提出來，深怕去晚了就提不到錢，「擠」著到銀行去把錢「兌」換出來的一種現象。

「最低工資」，「每天最高工時（工作時間）」，和「禁止僱用童工」的規則，都是在這個法案中提出來的，因為羅斯福惟恐失業的人多，許多人為了要得到工作機會，可能願意接受僱主不合理的工作條件，比方說：超時工作，但超低給付，而讓廣大勞工們的利益受到損害。

19 「新政」推手

我們在這裡必須先了解，傳統上，美國國會是主要的立法機關，國會議員們研究法案，經過冗長的政黨協商、廣泛討論、造成輿論，你來我往的溝通、修改、你進我退的妥協後，法案才能通過，讓總統公布實施，整個過程往往曠日持久。

20世紀以前，很少是倒過來由總統來推動立法，但到了20世紀初，美國先後出了幾個企圖心旺盛的總統，像是老羅斯福總統和威爾遜總統，他們在立法上所展現的影響力，幾乎能夠和國會分庭抗禮，到了小羅斯福總統的這一百天，情形簡直完全顛倒過來，國會可以說只是總統的「橡皮圖章」，只要總統提出什麼方案，國會立刻通過付諸實行。情

況之所以如此，當然是因為羅斯福得到全國人民一面倒的支持，不管是哪一個黨的議員，都不敢吃了熊心豹子膽來質疑這頂「新政」的大帽子。

為了維持高的民意支持度，以及擁有主導政府的權力，羅斯福非常技巧的維持他在媒體上的曝光率，他可以說是美國有史以來，最知道媒體的力量、最有技巧利用媒體影響力的總統，同時，他也是最善於製造新聞話題的總統。

他親切誠懇的態度，贏得所有媒體人的好感，他戮力從公的做事精神，讓媒體和全國老百姓一樣，覺得他是一個值得信賴的領袖，也因此樂於為他所用。

所有的政治人物都希望自己是媒體的焦點，但是，談到與媒體的關係和使用媒體的技巧，至今很少有人能夠跟羅斯福一較長

短，這有一半歸功於他與生俱來的領袖特質，是別的人怎麼學也學不來的。

當上總統之後的第八天，1933年3月12日，羅斯福開始在收音機上，定期播出有名的「爐邊談話」。在這個廣播節目中，他以閒聊的方式，將心中構思政策的過程，和全國百姓分享，同時，也藉此向國會事先透露一點風聲，讓議員們對他未來的政策計畫，有一點心理上的準備。

在羅斯福之前，從來沒有任何一個政治人物這樣有效率的利用媒體無遠弗屆的特性，他可以說是最早有計畫的使用媒體、主動和老百姓搭起溝通橋梁的總統。

靠著這樣的手腕和技巧，再加上「天時」與「人和」，羅斯福在白宮前三個月內所成就的政績、通過的法案、頒行的政策，

比許多美國總統四年整個任期的成就都來得輝煌。但是你也可以想像，他的日常生活有多麼緊張。

在搬進白宮之前，羅斯福其實是有一點擔心的。

由於從來沒有像他這樣肢體殘障的人當過美國總統、住過白宮，這裡像一般的房子一樣，有很多氣派但不見得必要的階梯，而且平常尺寸的門，對輪椅來說都有點小。但是讓他鬆了一口氣的是，美國政府為了照顧這位特別的總統，很貼心的把這個美國總統的住家之地，改裝成「無障礙空間」。

為了讓輪椅能夠在所有的地方自由通過，白宮不但更改了門的尺寸，以坡道取代階梯，還將走廊拓寬，洗手間也特別加大，而且還裝了電梯，讓他能夠很方便的上下樓。所以，你如果今天

有機會到白宮去參觀，不妨注意一下那裡的無障礙空間環境。

總統的生活其實並沒有想像中的那樣多彩多姿，羅斯福的日常生活，甚至幾乎可以用「單調」來形容。

以那一百天為例：他早上八點起床，在床上吃早飯，瀏覽六份左右主要報紙的新聞，有需要的話，馬上就在床邊和相關人員討論，然後在助手的幫助下穿衣服，並裝上腳部的支架，接著就坐輪椅到辦公室去上班；在那裡，從早上開始到晚上就寢之間，基本上是重複三次這種不停的開會和接見的過程，平均每一個會議和接見的時間是十五分鐘；就連午餐和晚餐的飯桌上，都還約了特定的人討論事情，而不能「純吃飯」；只有下午四、五點的時候，到白宮的游泳池去鍛鍊一下身體；他一般要忙到將

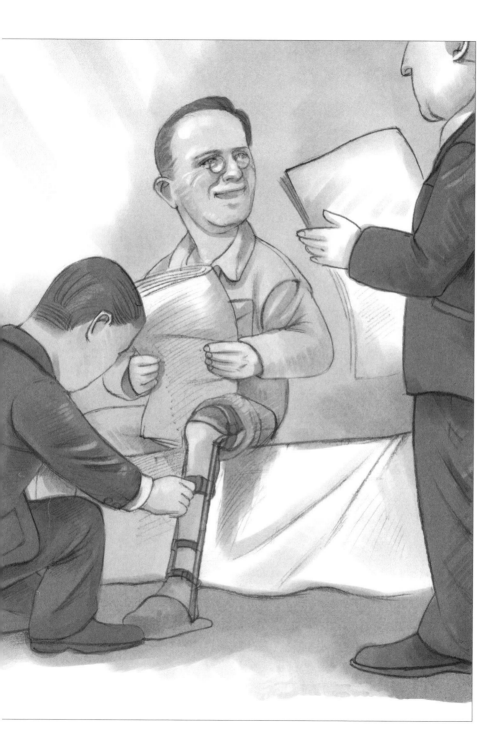

近午夜才能上床睡覺※。

　　像羅斯福那樣的「日課表」，對一個身體健康、體能狀況處在顛峰的壯年人來說，都是很難承受的工作量，更何況是雙腳不良於行的羅斯福。究竟是什麼支持他保持旺盛的鬥志，日復一日保持樂觀的心情，面對似乎永遠解決不完的問題呢？

　　除了游泳以外，他整天都得穿著支架，不管站立還是行走，都不免帶來肢體上的疼痛與不適，而且，那個時代的支架，設計得也不夠好，關節處有的時候鎖不緊，有的時候伸不直，也因

放大鏡

※因為長時間有恆心的鍛鍊，羅斯福雙臂十分強壯，尤其是他的仰泳游得特別快，甚至跟朋友比賽的時候，讓他們一個頭的距離都還能游贏他們。不過不知道他的朋友有沒有都用了全力跟他比賽，像中國以前跟皇帝下棋的臣子，真正「會」下棋的，一定要算得剛剛好讓皇帝贏那麼一子兩子的，因為如果讓皇帝贏得多了，一來怕皇帝察覺自己「放水」，二來也深恐皇帝覺得不夠刺激、不過癮，可是也不能贏，膽敢贏了皇帝，那可是大不敬的事情；不曉得美國人跟總統比賽游泳的時候，有沒有類似的顧忌？

為這個原因，他至少曾經在三個場合跌倒，不過，所有的新聞媒體，都沒有刊登他跌倒的照片，也沒有報導這樣的「獨家」消息，大家都很有默契的不希望公眾太過注意羅斯福身體上的不便，給他們敬愛的總統一點最基本的尊重。所以你或許很難相信，很多那個時代的美國人，從頭到尾根本不知道，被他們視為救星的羅斯福總統，實際上是無法行走的殘障人士。

20 推手也有失手的時候

　　羅斯福全心全力投入對抗美國經濟蕭條的戰爭，1934年他簽署了「國家房產法案」(FHA)＊，由國家為銀行的房屋貸款提供不同程度的保險，所以一旦貸款人沒有辦法按時繳交貸款，銀行就不會白白受到損失，在商言商，如此一來銀行也比較願意降低貸款門檻，很多美國人因為這個法案受益，擁有了自己的房屋，同時，經濟市場中也有了更多的資金在流動，後來證明這也是一個非常成功的法案。

　　另外一個更重要的政策，是從胡佛總統就起了頭的「金融重整計畫」(RFC)＊，原先是由聯邦貸款給銀行，或者其他大型企業，像是鐵路公司，或者保險公司，讓它們有更大的能力去貸款

給一般的老百姓，羅斯福更進一步，促使這個計畫照顧到小型企業，從 1923 年到 1941 年間，政府釋出了一百五十億美元，直接間接的創造了就業機會，也同時讓更多的錢能在經濟體系中流轉。這個計畫最成功的地方，是聯邦貸出去的錢，幾乎都收回來了。

你或許很好奇，我為什麼在這裡用了這麼多的篇幅，寫了這麼多法案，還附上英文的縮寫，因為美國歷史學家形容羅斯福推行的法案多到什麼程度，它們的縮寫幾乎可以涵蓋所有的英文字母。

其實，也並不是他所有的政策實行起來都很成功，畢竟人腦有的時候還是難免有不周到的地

放大鏡

✳ FHA 是 Federal Housing Administration 的簡稱。
✳ RFC 是 Reconstruction Finance Corporation 的簡稱。

方，1933年10月的「市民就業計畫」(CWA)＊希望能在最短的時間裡面，讓最多的美國人得到就業的機會，經過短短的三個月，到了1934年1月，已經幫助了四百二十萬美國人重新回到就業市場。

如果僅從數字上來看，這樣的成績可以算是十分輝煌，但是他卻主動在1934年4月宣布終止這個計畫！因為在這個計畫中，所投入的人力，並沒有產生經濟上的加乘效果。雖然也有蓋學校、修馬路，但更多的是像「掃樹葉」這種象徵性的「工作」，他很快就發現，如果不改弦更張，一不小心就會養出一群依賴這種和「救濟」沒有兩樣的懶漢，這完全不是他的原意。

1935年代之而起的「工作推展計畫」(WPA)＊，就糾正了「市民就業計畫」的缺失，「工作推

展計畫」有嚴格的規定，強制的把工作的人力引導到有建設意義的地方，而且這個推展計畫，跟其他的建設政策或者方案不同的，是它除了兩千五百家醫院、五千九百棟校舍、一千座飛機場、一萬三千個孩子的遊樂場這些看得到的硬體成果之外，還照顧到美國藝術和教育工作的項目，「工作推展計畫」僱用了許多老師，在社區中教導老百姓讀書、寫作、做陶藝。

　　要知道，當經濟情況不景氣的時候，第一個受到影響的就是藝術工作者，因為大家連吃飯這樣的基本民生問題都很難滿足的時候，誰還會有「閒情」和「閒錢」去看電影、聽音樂會、買藝術品呢？

放大鏡
＊ CWA 是 Civil Works Administration 的簡稱。
＊ WPA 是 Works Progress Administration 的簡稱。

　　而「工作推展計畫」其下分支的「聯邦劇場方案」由聯邦資助，創造了兩千七百多齣各種戲劇和舞蹈的表演，直接幫助了三千萬演員、畫家、音樂家、舞蹈家們找到了工作機會。

　　面對失敗的態度，正是羅斯福最讓人欽佩的地方，他跟其他政客最大不同的地方，就是他肯「認錯」，而且願意「改過」，絕對不死鴨子嘴硬，為了維持「英明」的形象，一路錯到底。我們不難看到為自己錯誤的政策找理由的「領導者」，他們明明知道自己的決策錯了，但是為了維持一個好「名聲」，這些人不但不會在口頭上承認自己錯了，反而還會找一大堆理由，把錯誤「合理化」，到最後還得讓整個國家為了他一個人的「英明」，付出龐大的社會成本。

　　認真想起來，「認錯」的觀

念和「改過」的行為，實在是民主的精神之一，我們的民主一直到今天還不夠成熟，很重要的一個原因，正是源於不肯認錯，不知改過的這個壞習慣。

21 把大家「一視同仁」的推向前

　　雖然有很多人因為羅斯福的各種工作計畫受益，但是也不是沒有人攻擊他，大家攻擊得最屬害的，就是質疑他是「社會主義者」，還有他計畫中的「最低工資」的規定，如果再講得詳細一點，就是「對各色人等都得支付最低工資」的規定。

　　在羅斯福那個時代，黑人只能從公共汽車後門上車、只能在「有色人種專用」的飲水機飲水，他居然敢倡言「黑人跟白人做一樣的工作，就該拿一樣的錢」，絕對是非常「驚世駭俗」的，當時絕大多數的人都認為「黑人為白人提供廉價勞動力」，是天經地義的事情，尤其是南方各州，甚至還有的州長認為，之所以有這麼多黑人失業，

都是因為僱主付不起聯邦規定一天一塊三毛的最低工資，所以就算這些黑人願意工作一整天只領五毛錢，可是礙於規定，就只能失業啦。

但羅斯福可不這麼想，他說從日出工作到日落，只能領到五毛錢美金的工資，對任何一個美國人來說都是不公道的，不管他是黑人還是白人。

比創造工作機會更進一步，羅斯福在政策計畫中還提倡「社會公平」的概念，以前面提過的「平民保護兵團」為例，明文規定人員工作的取得，不可因「種族、膚色、血統」而有歧視，「平民保護兵團」前後僱用了二十萬的黑人，而且致力提拔黑人到管理和教育階層，他的觀念和作法大步的走在時代之前。

「新政」中另外一項影響深遠的政策就是 1935 年 8 月簽署的

「社會安全法案」(SSA)＊，主旨是幫助年老、失業，和為病痛所苦的美國人；辦法是：每個月由勞資雙方按比例提撥固定的金額，存入退休基金，然後用這一大筆基金所產生的利息錢，來照顧六十五歲以上的退休人員、或者短時間失去工作的人、或因病而一時沒有辦法工作的人。

這個政策構想一提出來的時候，所引發的反對和質疑可以說是空前的；人們懷疑，那些從來沒有工作、從來對這個計畫沒有直接貢獻的人，日後一樣能一視同仁的享受這個計畫的照顧，不是「坐享其成」太不公平了嗎？而且太有保障的結果，是不是會打擊人民工作的積極性，反而鼓勵惰性？但是這些討論和爭議最後還是平息下來，而這個福利制

＊ SSA 是 Social Security Act 的簡稱。

度和它的理念則一直延續到現在。

雖然羅斯福新政中的許多法案，都是前所未有的概念和作法，也引起廣泛的討論和質疑，但是廣大的美國人民也以前所未有的熱情支持他，理由是：成千上萬的美國人，直接或者間接的從他所推行的法案中得到幫助，他們覺得羅斯福是真正關心他們、能夠觸及他們生活中最關鍵的困境，然後想出法子幫他們解決、是肩並肩跟他們站在一起的人。

那個時候，還有很多人在家裡掛上他的照片，把他視為類似「宗教領袖」那樣來崇拜，這種熱愛是自發自動的，可不是政府推動的「造神」運動喔。

他的努力和用心，美國老百姓清清楚楚的看在眼裡，也記在心裡，在他 1936 年競選第二任總

統的時候，給了他最直接的回報，投票那天羅斯福一舉囊括了五百零八張選舉人票，他的對手，共和黨的藍登只拿到兩個州八張選舉人票，至今仍是美國總統大選史上，差距最大的選舉結果。他不分膚色、黨派、種族，一視同仁的幫助所有人，所有人當然也就投桃報李的以熱忱和選票回報他。

22 有其夫必有其婦

　　在這裡特別值得一提的是他的太太，美國的第一夫人伊蓮諾。

　　雖然在羅斯福的「外遇」事件之後，他們兩人的夫妻關係已經名存實亡，但在工作上，他們卻成了「最佳拍檔」。羅斯福重視她的見解，相信她的能力，所以在他當選總統之後，伊蓮諾就成了他的眼睛和腳，她代他到各地去視察，然後回來把所見所聞說給他知道，讓他不至於閉門造車、制訂出不符合實際狀況和需要的政策。

　　伊蓮諾跟在她以前的美國第一夫人很不一樣，以往的第一夫人，多半隱身於總統背後，做一個沒有聲音的社交角色，而伊蓮諾並不滿足於這樣的地位，她不

但積極的參與社會運動，而且運用自己的影響力，在社會上造成風氣，引起人們觀念上跟作法上的改變，她最被人稱道的事情，就發生在羅斯福的第二個總統任期中。

1939 年，世界知名的音樂家瑪莉安‧安德森計畫在華盛頓地區唯一一個可以容納大批群眾集會的憲法大廳舉辦音樂會，她的申請被「美國革命女兒」(DAR)* 這個組織拒絕，她們拒絕她並不是因為她的歌藝不精、號召力弱、或者知名度不夠，而是因為瑪莉安皮膚的顏色，她是一個黑人。

這個稱為「美國革命女兒」的組織，是一個廣為人知的社會組織，由一群來自古老而且顯要

 放大鏡

＊ DAR 是 Daughters of the American Revolution 的簡稱。

的美國家族婦女於 1890 年所組成，她們的社會地位相當高，影響力也不容小覷，能夠參加這個組織也是上流社會中一種身分和地位的象徵。

伊蓮諾長久以來一直是「美國革命女兒」的一員，不過她有自己發聲的管道，她在全國性的報紙上主持了一個「我的一天」專欄。伊蓮諾也不讓她的先生羅斯福專美於前，堪稱是最早主動與傳播界打交道，善用媒體影響力的第一位第一夫人。

在 1939 年 2 月 27 日這一天的專欄中，她特別針對這件明顯種族歧視的事件，表達對這個團體的失望之情，並且因不齒她們的行為，公開聲明從此之後退出「美國革命女兒」，不願再與之為伍。

這個消息，馬上成了全國，甚至全世界的頭條新聞，引起廣

泛的注意和討論。

　　民意調查顯示，當時全國有百分之六十七的人支持伊蓮諾的言論主張，就連在所有的政治議題上，都和她唱反調的共和黨表親艾爾撒＊也不吝於在公開的場合裡，讚揚她的舉動，這對美國「種族平權」觀念的推展，有很大的幫助。

　　更進一步，同年的 4 月 9 日，那個復活節的星期天，瑪莉安在羅斯福和伊蓮諾的奔走下，受邀在林肯紀念堂，舉辦一場免費的室外音樂會，當天有七萬五千人聚集到首府華盛頓，聆聽瑪莉安的演唱。

　　可是，促成這件事的伊蓮諾刻意沒有出席，因為她覺得自己能出力做事的部分已經告一段落，她不要分散大家的注意力，

放大鏡

＊即 Corinne Alsop。

她要讓那一天的榮耀完完全全的屬於瑪莉安，而她的缺席卻比出席給大家留下更深刻的印象，也為她贏得更多的尊重*。

放大鏡 ——

*伊蓮諾是一個非常精彩的人物，她做事明快，絕不拖泥帶水，只要看她在羅斯福死了以後，只用了十二天即搬出白宮就可見一斑。她在 1946 年當選聯合國人權委員會主席，協助起草「世界人權宣言」，很多研究美國歷史的學者都認為，伊蓮諾比起羅斯福，不論是在見解上還是能力上，都要高出一籌，甚至有人覺得如果她和富蘭克林這兩個「羅斯福」一起來競選總統，最後坐上寶座的，有很大的可能是伊蓮諾這個女羅斯福呢，不過，這都是後話了。

23 把手推向全世界的「好鄰居」

　　經過第一個四年的努力，美國的經濟雖然沒有立刻振衰起弊，起死回生，但起碼已經不再惡化，而且也呈現緩步上揚的跡象，剩下的，只有等待，等這諸多的政策落實之後開始發揮效用，因此羅斯福在他第二個總統任期中，把施政重點，從對內的經濟，轉向對外的國際事務。

　　他深信「民主」是保持美國強大的活水源頭，同時也是遏制獨裁野心家崛起的關鍵，因此美國不單是要繼續保持政治上的民主，和軍事上的絕對優勢，同時，也有責任協助世界上所有國家朝民主這條路上走。

　　因此，在他第一次當選總統之後的 1933 年，就確立了稱為「好鄰居」的外交政策＊方向。

這個政策就像它的名字那樣容易了解，就是說美國有責任和義務協助「好鄰居」*的發展。一開始，這個政策並沒有特殊的對象，廣泛的施行在各個不同地區的國家，但是很快的，拉丁美洲*各國成了羅斯福實施這個政策的重點，包括：古巴、海地、巴西、哥斯達黎加和薩爾瓦多。

在羅斯福的主政下，美國和這些拉丁美洲國家簽訂了許多貿易協定，並且本著尊重的原則，承諾絕對不試圖影響這些小國的內政和地方事務。

而在 1930 年代後期，當羅斯福感受到發生在歐洲的戰爭威脅

 放大鏡

＊即 Good Neighbor Policy。

＊好鄰居　指的是那些尊重自己和其他國家權利，遵守並且謹盡條約義務的國家。

＊拉丁美洲　即 Latin America，通常用來指稱美洲大片以衍生於拉丁語的語言作為官方語言或主要語言的地區。從社會政治角度來說，拉丁美洲主要包括美洲西班牙語和葡萄牙語盛行的地區。

時，更和這些拉丁美洲國家簽訂合作協防的條約，把美國的保護傘伸到這個地區。在他第二個任期開始以後，更是徹底確保這個對外政策的實行。一言以蔽之，羅斯福在外交上的「好鄰居」政策，簡單的說就是美國要和好鄰居做朋友，保障這些好鄰居的安全和發展，而且自己也要做一個不恃強凌弱的好鄰居。

早在 1930 年代初期，羅斯福就已經注意到兩個對美國國家安全具有潛在威脅力的外國勢力，一個是在歐洲的德國，另外一個是在亞洲的日本。

1930 年代後期，當德國希特勒的納粹＊和日本的軍國主義者＊，成了歐洲和亞洲和平的破壞者，揭開第二次世界大戰的序幕後，羅斯福也是本著「好鄰居」政策的精神，大力援助在歐洲成為最後民主堡壘的英國，和

在亞洲受到日本侵略的中國；因為羅斯福很清楚，不管是德國的希特勒還是日本的軍國主義者，都不是把征服歐洲或者亞洲當成最終目的，他們的目標是美國，是全世界；因此如果美國不及早幫助這些已經陷入戰爭的國家，守住這條民主的戰線，遲早美國也必然被捲入戰火。

因此在「不直接參戰」的原

放大鏡

＊「納粹」的稱法來自德語的「Nazi」，是「國家社會主義者」或「納粹主義者」的縮寫。納粹黨是20世紀前半葉的一個德國政黨，後由希特勒領導，在德國議會大選中獲勝。希特勒於1933年出任德國總理。納粹政權的特點是政治上控制社會的一切，以追求種族、社會和文化的純淨，通過迫害被認為是不純淨的事物，來達到以上的目的。

＊軍國主義是指認為軍事力量是國家安全的基礎，並將軍事的發展及優勢力量的保持視為社會最重要目標的一種意識形態，其特點是國民經濟運作以軍事優先；私權、人權、言論自由受到壓抑；並且在政治上實行獨裁。日本於1868年開始明治維新，引進西方政治體系，國力日強。20世紀初，日本軍力發展迅速，慢慢走向軍國主義侵略擴張之路。1931年攻打中國東三省建立偽滿洲國，1937年全面發動侵華戰爭，1941年偷襲美國夏威夷珍珠港，並引發太平洋戰爭。

則下，美國提供武器、槍砲、彈藥、飛機、戰艦給這些國家來捍衛民主；而為了生產這些援助物資，也直接的刺激了美國的國防工業、創造工作機會、增加就業人口、對振興美國的經濟也產生助力。所以羅斯福的「好鄰居」政策可以說是一個利人利己的成功外交政策。

　　總的來說，羅斯福時代的美國，本著這個「好鄰居」的精神，不但願意幫助別國，而且不把自己的意志強加在別的國家身上，因此在國際間的「人緣」很不錯，大家樂於接受他的建議，也樂於配合他的需要跟他合作，所以可以說是很「吃得開」的；很多美國人在今天依然十分懷念那個時代的美國。

24 烽火連天 的第三任

　　在羅斯福之前，美國總統的連任期限並沒有明文在憲法中規定，可是美國國父華盛頓，在做完兩任以後，拒絕再次連任，為美國的民主立下典範，這個「兩個任期」就成了一個不成文的政治範例，所有的總統，最多都只連任一次。

　　羅斯福第二個任期應該在 1941 年初結束，他也做了退休以後要寫回憶錄的計畫，可是美國人民覺得在這個內部經濟剛有起色，而外部正面臨嚴重戰爭威脅的重要時刻，更換領導並不是一件明智的事。而對國家和公共事務的責任感，再一次讓羅斯福回應人民的徵召，第三度代表民主黨披上戰袍，而且在 1940 年 11 月所舉行的總統大選中，成為美國

有史以來第一個挺進第三個任期的總統。

羅斯福堅信不管在哪裡的人民，都應該有權利享有言論自由、信仰自由、免於匱乏、和免於恐懼這四大基本自由，也是這個信念，讓他說服國會在 1941 年通過支援中、英等同盟國軍備和生產的法案，同年 8 月本著同樣的精神，和英國首相邱吉爾簽訂「大西洋憲章」＊。

儘管羅斯福在援助外國的最高指導原則，是美國不直接參戰，可是，你不去找別人打架，並不能保證別人不主動打到你的頭上來。

1941 年 12 月 7 日，日本偷襲

放大鏡

＊**大西洋憲章** 即 Atlantic Charter，在 1941 年 8 月 14 日，由當時的美國總統羅斯福和英國首相邱吉爾在北大西洋的軍艦上所簽署，主要內容是英美兩國在政策上相同的原則。如：不尋求領土或其他方面的擴張、尊重所有民族選擇其政府型態的權利等等。

美國位在太平洋夏威夷的珍珠港，炸沉了八艘戰艦，一百八十八架飛機，有三千四百三十五位官兵死亡，這是美國歷史中，領土第一次受到外國的直接攻擊。

12月8日那天，美國祕密勤務局的局長親自推著羅斯福坐的輪椅，經由在1933年特地為他建的輪椅坡道，進入國會為發言人準備的休息室，他的兒子手中拿著他像小學生那樣寫在筆記本中的演講稿。隨後，局長親自為他把兩隻腳上的支架固定好，然後他的兒子推起他一百九十磅重的身軀，讓六英尺三英寸的羅斯福成為站立的姿勢，一切都準備好了，守門的執禮官唱出美國總統的名號，門打開，羅斯福艱難的在兒子的扶持下，邁步走進集會大廳，向國會兩黨議員發表演說。

他在這一次重要的演說中表

示，1941 年 12 月 7 日將被歷史記載是不名譽的一天，因為在這一天美國受到日本軍國主義者所發動的攻擊，他更進一步宣誓，不管要耗費多少時間，得投入多少努力，美國人民終將在這一場戰役中贏得最後的勝利。

就在他的演說結束後三十三分鐘，美國國會通過正式對日本宣戰的立法，大家捐棄了不同黨派的成見，把一切的差異擺在一旁，緊緊的團結在一起，站在三軍統帥羅斯福的身後，給他毫無保留的支持＊。

日本在珍珠港成功的偷襲，

放大鏡

＊一般的世界史都把日本偷襲珍珠港，美國正式對日本宣戰當成第二次世界大戰開始的那一年，可是對遠在太平洋另一邊的亞洲國家，特別是中國來說，第二次世界大戰早在 1937 年 7 月 7 日盧溝橋（位於北京永定河上，橋東有乾隆所題「盧溝曉月」碑）槍聲響起的那一刻就揭開了序幕；從 1937 年起，日本在太平洋的島嶼間戰無不勝、攻無不克，正因為如此，才讓日本軍國主義者敢把主意「動」到美國在太平洋的珍珠港頭上來。

讓美國在太平洋的海軍和空軍幾乎全部被摧毀殆盡，可是英國首相邱吉爾卻在這樣的危機中看到美國、甚至整個大戰情勢的轉機。

邱吉爾認為日本大大低估了美國的潛能，而這正是日後日本必將失敗的主要原因。他指出：「美國無論在礦產、石油、化學、和工業上的豐富資源，都是難以估計的，今天日本的偷襲，就好像把美國這個大鍋爐底下的火苗點燃了，只要溫度持續增加，等這個鍋爐運轉起來，所能產生的能量將是無法限量的。」在邱吉爾的筆記中他寫道：「如果我宣稱，能讓美國和英國並肩作戰，是我最欣慰的一件事，相信沒有美國人會認為我錯。希特勒的好運結束了，意大利的好日子也過完了，至於日本，更將一敗塗地。」

25 把大鍋爐點燃

邱吉爾並不是唯一了解美國潛力的人，還有一個人比他知道得更清楚，那個人就是羅斯福。

羅斯福就像是一個工程師，在他白宮橢圓辦公室的桌子上，他把國家所有的資源重新分配、調整，務必讓它們發揮最大的功能，好迎接這個美國歷史上前所未有的危機和挑戰。

全國數以百萬計的工廠，一天三班二十四小時，一個星期開工七天，機器分秒不停，生產出武器彈藥、飛機戰艦、衣服食品、和種種民生必需品，到了1942年6月，僅僅在日本偷襲珍珠港之後七個月，美國的生產不但已經回復往日的水準，而且讓日本在太平洋中途島吃了個大敗仗，這可以算是美國給日本所向

無敵的氣焰，一個最佳的「回報」。

而中途島戰役也是日本勝利的休止符，自此之後，太陽旗就一路墜落。

身為美國三軍統帥、國家總工程師的羅斯福，在 1943 年就已經看到「同盟國」＊毫無疑問即將取得全面的勝利，一切都是按照他在美國對日本宣戰之後所做的計畫，按部就班的發展，於是，他開始思考，該如何處理戰後的「軸心國」＊？為此，從 1943 年開始，羅斯福開始和各個同盟國的領袖集會。

1943 年 1 月，他和英國首相邱吉爾，以及法國政府的代表，在北非摩洛哥的卡薩布蘭加開會；同年 11 月，在埃及開羅，他

＊同盟國　指中、美、英、蘇等。
＊軸心國　指德、日、意等。

與邱吉爾一起和中國戰區領袖蔣介石會晤；一個星期之後，他和邱吉爾又一起在伊朗的德黑蘭和蘇聯的領袖史達林見面。

或許受到軸心國侵略的國家，會有「以眼還眼，以牙還牙」的報復想法，畢竟自己的國家和人民因為戰爭遭受到空前的破壞和創傷，但是羅斯福發揮了他身為世界第一大國領袖的影響力，將他外交上「好鄰居」政策的精神，貫徹到處理戰後軸心國的事務上。在這些會議中他們決定的處理原則就是：雖然要求軸心國無條件投降，但是並不意味著要重整這些國家的人們，不過，對導致這些國家發動戰爭的政治或制度背後的哲學思想，倒是得好好檢討一番。

羅斯福在和史達林會面的時候，很坦白的告訴這個蘇聯共產政權的領袖，儘管共產思想和西

方國家的民主制度非常不同，但是身為美國總統的他，還是會在西方盡力營造一個友好的輿論氣氛；羅斯福的認知非常單純，就是撇開西方國家對蘇聯的嫌惡不談，儘管蘇聯那個時候還沒有正式對軸心國宣戰，可是同盟國希望拉攏這個在當時還有成為「朋友」潛力的蘇聯，好在遠東能增加助力，讓同盟國早一點達成「打敗軸心國，取得戰爭勝利」的目標。

而蘇聯之所以願意接受美國的意見，史達林也說得很明白，那是因為：「戰爭中最重要的就是各種各樣的機器設備，而美國是一個機器製造國家，如果沒有美國製造的機器和她支援同盟國的法案，我們根本沒有可能取得勝利。」

身為中國人，在讀這一段歷史時，心裡很難平靜。或許由於

美國人急於取得勝利，也或許沒有認清一個強大的共產蘇聯，日後在維繫世界安全上，將給美國帶來多大的威脅，讓羅斯福過分看重蘇聯在第二次世界大戰中的重要性和影響力，使蘇聯取得了美國支援同盟國武器資源中最大的一部分；相形之下，同在遠東、飽受日本侵略、苦苦支撐的中國政府，就沒有得到同等的重視。

　　蘇聯在日本無條件投降之前一個星期才正式對軸心國宣戰，還來不及發出一兵一卒就迎來了勝利，可以說是這次戰爭中最大的受益者，在日後美國和蘇聯對峙的冷戰期間，美國人也不能不承認，這個強大的對手，是美國自己給她打下基礎、自己一手培養起來的。

26 空前絕後的第四任總統

　　由於長期致力處理國內的經濟蕭條和國外的戰爭危機，絕大多數的美國人，甚至包括共和黨員，都肯定羅斯福在處理這些事務上所付出的心力，但是在這個同時，羅斯福的健康狀況已經急速的開始走下坡。

　　1944 年 7 月，他到夏威夷歐胡島上的醫院去探望傷兵時，堅持讓人推著他的輪椅，緩慢走到每一個失去手或腳的傷兵病床前，把他沒有功能的雙腿，毫不保留的展示在他們面前，他要讓他們知道，他們有共同的苦楚，能彼此了解，彼此安慰。

　　親近他的工作人員，比一般老百姓更早察覺他的身體狀況有異。他的一隻手開始不由自主的顫抖，有時，在聽屬下報告的時

候，甚至會體力不支的睡著。到醫院去檢查的時候，醫生覺得他看起來非常疲憊、臉色灰白。醫生檢查以後，發現羅斯福受高血壓之苦、心臟肥大、有一個心室失去功能、還有支氣管炎。可是，在經過治療之後，羅斯福又充滿信心的回到工作崗位上。非但如此，他還讓美國民眾相信他的健康足以支持未來的工作，因為在戰爭還沒有結束的時候，更換統帥是兵家大忌，他不能在這個關鍵的時候迴避未完的責任。

美國民眾在 1944 年年底，第四次把他們的信任投給羅斯福和他新的副總統搭檔杜魯門，選舉人票的比數依舊懸殊（四百三十二票比九十九票）。1945 年 1 月 20 日，羅斯福正式開始他第四任的總統任期。

羅斯福、邱吉爾和史達林也被稱為第二次世界大戰的「三巨

頭」。這三人於 1945 年 2 月在蘇聯雅爾達集會，除了再一次確定戰後處理軸心國的原則之外，還決定在美國加州舊金山集會，商討成立一個國際性的組織*，希望經由這個國際性組織的幹旋和運作，能在日後避免戰爭的發生。

可是很多參與雅爾達會議的人都覺得，這麼多重要的會議討論已經把羅斯福的精力耗盡了，他看起來比以前衰老、萎頓，而且非常疲憊。那個時候，他每天必須面對的另外一個戰場，是他自己日益衰退的身體機能*。

雅爾達會議之後，他飛了十

＊即為「聯合國」。
＊近代許多研究二次大戰的歷史學者也認為，羅斯福當時的健康已是強弩之末，讓他在這個重要的會議中，沒有辦法保持清明的判斷力，因而在某些議題上，沒有做出正確的決定，其中也包括了中國問題，沒有看清蘇聯對中國的野心，也沒有精神和體力與史達林周旋，才讓史達林在該次會議中予取予求。

四個小時回到美國向國會做報告，很罕見的坐著發表演說，還拿自己不良於行的雙腿開玩笑。十二年的白宮生活，平均一個月有數百個會議要參加，有數千個枝微末節的事情要小心注意，國內國外一直不停冒出來的狀況讓他憂心，持續不停的議題、肩上卸不下的重擔，終於把羅斯福壓垮了。

　　就在他第四任總統任期開始以後還不滿三個月，1945年4月12日下午一點十五分，當他坐在喬治亞州的暖泉別墅中的起居間，讓人幫他畫像的時候，突然嚴重的腦溢血，經同行的醫生搶救無效，在三點三十五分宣布死亡，享年六十三歲。

　　4月14日，美國政府為羅斯福在華盛頓舉行了隆重的國家葬禮之後，隨即將他安葬在紐約哈德公園中。他的妻子伊蓮諾按照

他生前的要求，在他的墓前只豎立了一塊白色、沒有裝飾的墓碑，碑上簡單的刻了他的名字和出生及死亡的日期。

對無數的美國人來說，他們覺得最悲哀和遺憾的，就是這位被人敬仰的羅斯福總統沒有多活五個月，沒有能親眼看到他一手推動策劃的勝利來臨。

一直到今天，如果讓美國人選出最偉大的五個、或者三個總統，富蘭克林‧羅斯福都一定在名單之內。這位從一開始被人稱為「新政先生」，到後來為「戰勝博士」的美國總統，雖然出生為上層社會的新貴族階級，但是他卻不是只管「獨善其身」的那種高不可攀的貴族，相反的，他一直把「為公眾服務」視為己任，在投身從事「管理眾人之事」的政治事業之後，不論在面對美國國內事務，或者全世界的

爭端時，更是時時把弱勢的那一
方放在優先考慮援助的地位，這
為他贏得了所有人不分膚色和地
域的愛戴。

他在得到小兒麻痺之後，雖
然終生得坐在輪椅上，卻無損於
他高大的形象，時勢造就了這位
美國空前絕後的四任總統當選
人，或許，他墓前那塊沒有裝飾
的墓碑，比刻滿功勛和讚美的墓
碑更能表現他自認平凡的心態，
但正是這分自認平凡，才讓他在
歷史上眾多自認不凡的「偉人」
中，顯得與眾不同。

富蘭克林・羅斯福

1882 年	1 月 30 日，誕生於紐約州哈德遜河谷。
1896 年	進入麻州最富盛名的私立哥登高中就讀，表現並不出色。
1900 年	進入哈佛大學就讀，表現普通。大一時，父親過世，留給他大筆財產。
1903 年	擔任哈佛大學學校報紙的總編輯。與伊蓮諾開始交往。
1905 年	與伊蓮諾完婚。進入哥倫比亞大學法學院就讀。
1907 年	從法學院畢業，取得律師執照，當時已有當總統的志向。
1910 年	代表民主黨競選州參議員成功，第一次任期結束後，順利連任。
1912 年	參加威爾遜總統的就職典禮，並成為海軍部長丹尼爾的助理。

1913 年　　正式展開他在華府海軍部門的工作。期間主張美國要有

　　　　　　強大的海軍，但不被丹尼爾部長與威爾遜總統採納。

1917 年　　美國捲入第一次世界大戰。羅斯福的主張被批准，證明

　　　　　　其極有遠見。

1918 年　　因外遇而導致與伊蓮諾的婚姻名存實亡。

1921 年　　8 月 25 日，醫生確定他得了小兒麻痺症。9 月 16 日，

　　　　　　羅斯福得到小兒麻痺症的消息被刊在《紐約時報》上。

1927 年　　成立了「喬治亞暖泉基金會」。

1928 年　　當選紐約州州長，後連任成功。此兩任期期間，努力對

　　　　　　抗「經濟大蕭條」，贏得人民敬愛。

1932 年　　贏得總統大選。

1940 年　　11 月，成為美國史上第一位挺進第三個任期的總統。

1941 年　說服國會通過支援中、英等同盟國軍備和生產的法案，

與英國首相邱吉爾簽訂「大西洋憲章」。12 月 7 日，日

本偷襲珍珠港，羅斯福在隔天發表演說，美國國會並通

過正式向日本宣戰的立法。

1943 年　同盟國取得勝利，羅斯福與各國的領導者開會，處理戰

爭後的事務。由於長期忙碌，羅斯福的健康狀況已急速

的走下坡。

1944 年　開始第四任的總統任期。

1945 年　4 月 12 日，因腦溢血而死亡。

適讀對象：
國小低年級以上

創意
MAKER

創意驚奇雲

飛越地平線，
在雲的另一端，

創意 x 無限

撥開朵朵白雲，你會看見一道亮光……
是 **創意 MAKER** 的燈泡**亮**了！
跟著它們一起，向著光飛翔，由它們指引你未來的方向：

請跟著 **畢卡索**、**艾雪**、**安迪·沃荷**、**手塚治虫**、**鄧肯**、**凱迪克**、**布列松**、**達利**，在各種藝術領域上大展創意。

請跟著 **盛田昭夫**、**7-Eleven 創辦家族**、**大衛·奧格威**、**密爾頓·赫爾希**，想像引領創新企業的挑戰。

請跟著 **高第**、**樂高父子**、**喬治·伊士曼**、**史蒂文生**、**李維·史特勞斯**，體驗創意新設計的樂趣。

請跟著 **麥克沃特兄弟**、**格林兄弟**、**法布爾**，將創思奇想記錄下來，寫出你創意滿滿的故事。

本系列特色：

1. 精選東西方人物，一網打盡全球創意 MAKER。

2. 國內外得獎作者、繪者大集合，聯手打造創意故事。

3. 驚奇的情節，精美的插圖，加上高質感印刷，保證物超所值！

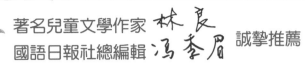

著名兒童文學作家 林良
國語日報社總編輯 馮季眉 誠摯推薦

一套充滿哲思、友情與想像的故事書
展現希望、驚奇與樂趣的
我的蟲蟲寶貝！

想知道

迷糊可愛的毛毛蟲小靜，為什麼迫不及待的想「長大」？

沉著冷靜的螳螂小刀，如何解救大家脫離「怪傢伙」的魔爪？

膽小害羞的竹節蟲阿比，意外在陌生城市踏出「蛻變」的第一步？

老是自怨自艾的糞金龜牛弟，竟搖身一變成為意氣風發的「聖甲蟲」？

熱情莽撞的蒼蠅依依，怎麼領略簡單寧靜的「慢活」哲學呢？

Let's Go!
隨著昆蟲朋友一同體驗生命中的奇特冒險
學習面對成長過程中的種種難題
成為人生舞臺上勇於嘗試、樂觀自信的主角！

國家圖書館出版品預行編目資料

新政先生：富蘭克林‧羅斯福 / 李民安著；卡圖工作室
繪.－－初版三刷.－－臺北市：三民，2017
面；　公分.－－(兒童文學叢書 / 世紀人物100)

ISBN 978-957-14-4549-6　(平裝)

1.羅斯福(Roosevelt, Franklin D.(Franklin Delano),
1882-1945)－傳記－通俗作品

785.28　　　　　　　　　　　　　　　95025555

©　新政先生：富蘭克林‧羅斯福

著 作 人	李民安
主　　編	簡　宛
繪　　者	卡圖工作室
發 行 人	劉振強
著作財產權人	三民書局股份有限公司
發 行 所	三民書局股份有限公司
	地址　臺北市復興北路386號
	電話　(02)25006600
	郵撥帳號　0009998-5
門 市 部	(復北店)臺北市復興北路386號
	(重南店)臺北市重慶南路一段61號
出版日期	初版一刷　2007年1月
	初版三刷　2017年11月修正
編　　號	S 781840

行政院新聞局登記證局版臺業字第○二○○號

有著作權‧不准侵害

ISBN　978-957-14-4549-6　(平裝)

http://www.sanmin.com.tw　三民網路書店

※本書如有缺頁、破損或裝訂錯誤，請寄回本公司更換。